鯖戸善弘 [著]
Yoshihiro Sabato

コミュニケーションと
人間関係づくりの
ための
グループ
体験学習ワーク

Experience
Learning
through
Laboratory
Method

金子書房

はじめに

　私が育ってくるときどきにおいて、コミュニケーションのとり方の学習をあらためてすることはなかったように記憶しています。家族の中で、地域の中で、学校の中で、いろいろな世代や価値観の人と交わる中でと、体験的に人と人との距離感や言葉の発し方、自分の思いを伝えるタイミングや口調などを身につけてきました。といっても私自身、その能力に長けているわけではありません。人間関係で気まずくなり、へこんでしまうことがしばしばあります。

　家庭において、子どもたちへの声かけはどうであったろうかとふりかえっても、子どもたちからは合格点はもらえないと思います。職場においても管理職としてチームメンバーのやる気を起こす声かけができていたとは到底思えません。

　このようなことは、周りの人が一番よく知っています。こう言えばよかったと、後悔することもあります。たぶんこれからの人生もそんなことの連続でしょうが、それでいいと思っています。そうしたことをそのまま受け容れ、自分自身を客観視し、努力しようとする自分がいれば、大丈夫と思います。

　しかし、最近の私たちの周りの様子を眺めていると、異世代とのかかわりや実体験が少なくなってきて、さまざまな人とコミュニケーションを介して人間関係をつくっていくことが苦手な傾向が見受けられます。そのことにより、相手の気持ちを察して会話ができなくなったり、自分と考えが違ったり、異なる世代との人間関係がうまくいかなくなったりして、その結果、うつ状態に陥ったりしています。

　さらに最悪なことに、遊び心で級友をいじめ（攻撃、無視）、自殺にまで追い込む事件が繰り返し起こっています。その現実を見ると、コミュニケーションのとり方、人間関係のつくり方を学ぶことについて、あらゆる場面で意識的に取り組んでいくことが求められる時代になってきていると痛感します。

　大学でのキャリア教育プログラムなどで、コミュニケーション力アップの学びを行っているところもあります。就職した会社での新任研修でもコミュニケーション・トレーニングが行われています。にもかかわらず、コミュニケーション力の低下を感じずにはおれません。

　そのようななか、人間関係づくりに関する書籍が多数出版されています。心に響く話が書かれていて、ためになる書籍と思っています。ためになるお話を聴いたり読んだりして、自分の意識を変えていこうとする、いわゆる自己啓発書に対して、私が提案したいのは、ワークブックの体裁の書です。人間関係は理論的に理解するというより、人間関係を体験する"今ここ"から学ぶ方法が効果的と考えます。体験をして、そのなかで気づいたことをもとにして、よりよい人間関係のつくり方を学んでいきます。本書ではそのためのワークを紹介し、ワークを行うときの留意点などを書き添えました。

　本書の柱になるのは、「ラボラトリー方式の体験学習」（Experience Learning through Laboratory Method：ELLM）という学びの手法です。その学習の核は、本文で詳しく述べますが、「ふりかえり」により自分の思いを内省し、「わかちあい」で自分の思いを伝え、他者の思いを聴くという過程をたどることで、理解し合える部分を見出します。そのことは、自己成長の糸口になり、自分の周りの人とのよりよい関係づくりに役立ち、さらには、社会づくりへの積極的な働きかけにも役立ちます。

体験学習は、知識としてというよりは生き方を切り拓いていくのに役に立つ学び方です。それは、現代の私たちに求められる資質ではないでしょうか。この考え方は、コーチングやチームづくりのファシリテーター、人権教育や福祉教育などのファシリテーター、環境教育のインタープリターの手法として活用されています。効果的な手法であるなら、それを私たちの身近な生活の中にもっと広げていきたいものです。

本書の理論編では、人間関係づくりの体験学習が求められる時代背景を考察し、体験学習の基本的な考え方を紹介しました。ワーク編では、具体的な体験学習のワークを紹介し、これまでの私の実施した体験学習からのコメントも付け加え、イメージが広がりやすいように構成しました。

私は体験学習を、「体験楽習」と考えています。「体験」したなかで感じたことを「楽」しく語り合い、気づいていくなかで「学」んでいくから「楽習」です。人から教えられるのではなく、自ら気づいたことですので、自分の腑に落ちてきます。そこがすばらしいと思います。つまり、納得のいく学びとなるのです。よって、意識変容が行動変容へとつながりやすくなります。

本書をワークブックとして片手に持って、さまざまな場面で気楽に「体験楽習」してください。

たとえば、小学校、中学校、高校などで今脚光を浴びているアクティブ・ラーニングの手法にも通じるため、日々の学習や総合学習、人権教育などの場面で参加型の学習としても活用できます。

大学でのキャリア教育プログラムにおいて、自分に向き合い自分発見をしたり、対人関係スキルを身につけるワークショップとして活用できます。またサークル仲間などにおいてメンバー相互の理解と信頼関係の高揚のためのワークショップとしても活用できます。

自治会や市民活動などにおいて、メンバーの良好な関係づくりや目標合意形成などのワークショップとしても活用できます。

職場での組織開発の一環として、チームワークづくりやリーダーシップのワークショップにも活用できます。

医療や福祉現場のスタッフとして利用者へのホスピタリティを学ぶワークショップとしても活用できます。

保育士や教員の立ち位置や接し方を学ぶワークショップとしても活用できます。

ただ、この体験学習がすばらしいといっても、1回限りにするのではなく、何度も行って、自分の中で内省を繰り返していくことが大切です。

本書を手にしていただいた読者のみなさまに、そんな気持ちでページをめくっていただけるとありがたく思います。

目　次

はじめに ………………………………………………………………………………… 1

理 論 編

Ⅰ　体験学習が求められる時代 ………………………………………… 8
1．若い世代に社会が求めるチカラとは ………………………………………… 8
2．多様な人とのコミュニケーションの場の確保 ……………………………… 9
3．組織の中の人間関係 ………………………………………………………… 10
4．教育現場でのグループ体験学習の活用 …………………………………… 12
5．人間関係は育てていくもの ………………………………………………… 14
6．ゲーム感覚で体験しよう …………………………………………………… 15

Ⅱ　グループ体験学習の基本を理解する ……………………………… 16
1．グループ体験学習が生み出されたきっかけは …………………………… 16
2．体験学習の循環過程を知る ………………………………………………… 17
3．コンテントとプロセスを知る ……………………………………………… 18
4．人にはそれぞれの枠組みがある …………………………………………… 19
5．自分理解を促進する「ジョハリの窓」の考え方 ………………………… 20
6．言語コミュニケーションと非言語コミュニケーション ………………… 22
7．グループ・プロセスへの注目 ……………………………………………… 23
8．プロセスを観察する視点 …………………………………………………… 24

Ⅲ　体験学習の進め方 …………………………………………………… 26
1．体験学習はメンバー同士が気づきあう「めだかの学校」 ……………… 26
2．ねらいを明確にする ………………………………………………………… 27
3．ふりかえりが眼目 …………………………………………………………… 27
4．ふりかえりからわかちあいへ ……………………………………………… 28
5．ファシリテーターの役割 …………………………………………………… 29

6．安心・安全な学びの場を確保……………………………………………… 30
　　7．問いかけながら学びを深めていく………………………………………… 31
　　8．グループ体験学習実施の流れ……………………………………………… 32
　　9．体験学習の学びで何が養われるのか……………………………………… 35

Ⅳ　体験学習の発展型……………………………………………………………… 37
　　1．「組織開発」という発展…………………………………………………… 37
　　2．対話を促進する手法………………………………………………………… 38
　　3．組織開発でメンバーのモチベーションを高める………………………… 39
　　4．グループ体験学習を構成して組織を活性化する………………………… 40

ワーク編

Ⅰ　アイスブレーキング…………………………………………………………… 46
　　1．チェックイン………………………………………………………………… 47
　　2．ボールキャッチ自己紹介…………………………………………………… 48
　　3．誕生月日順並び……………………………………………………………… 49
　　4．○○の人、席交替…………………………………………………………… 50
　　5．目隠しでかたちづくり……………………………………………………… 51
　　6．どっち自己紹介・以心伝心握手…………………………………………… 52
　　7．仲間探しゲーム……………………………………………………………… 53
　　8．数集まりゲーム……………………………………………………………… 54
　　9．同じ仲間集まりゲーム……………………………………………………… 55
　10．ペンシルでつながった2人………………………………………………… 56
　11．こんにちは！　こんな私です……………………………………………… 57
　12．ウソ・ホント自己紹介……………………………………………………… 59
　13．以心伝心 De 腕上げ………………………………………………………… 60
　14．つながりゲーム……………………………………………………………… 61

Ⅱ　自分と向き合うワーク………………………………………………………… 62
　　1．私は私………………………………………………………………………… 63
　　2．コラージュ…………………………………………………………………… 67
　　3．私のうれしかったことを語ろう…………………………………………… 70

Ⅲ　他者を理解するワーク ……………………………………………… 74
　　1．つながりをつくろう …………………………………………………… 75
　　2．私の言葉 ………………………………………………………………… 78
　　3．イメージを絵で表現しよう …………………………………………… 85
　　4．何を大切とするか ……………………………………………………… 88

Ⅳ　共感を高めるワーク …………………………………………………… 93
　　1．ことだま（言霊） ……………………………………………………… 94
　　2．こんな絵、描けちゃった ……………………………………………… 98
　　3．築城大作戦 ……………………………………………………………… 102
　　4．グループの合計が10 …………………………………………………… 106

Ⅴ　一方向・双方向のコミュニケーション体験のワーク …………… 109
　　1．花　火 …………………………………………………………………… 110
　　2．○△□ …………………………………………………………………… 113
　　3．なぞのマラソンランナー ……………………………………………… 118

Ⅵ　肯定的な聴き方を学ぶワーク ……………………………………… 123
　　1．聴き上手 ………………………………………………………………… 124
　　2．傾聴を深めよう ………………………………………………………… 127
　　3．旅行の計画 ……………………………………………………………… 130

Ⅶ　ホスピタリティ・マインドを育むワーク ………………………… 135
　　1．福笑い …………………………………………………………………… 136
　　2．目隠しウォーク ………………………………………………………… 140
　　3．たかが声かけ、されど声かけ ………………………………………… 143

Ⅷ　自分の伝えたいことを上手に伝えるワーク ……………………… 148
　　1．あなたはどのように対応する？ ……………………………………… 150
　　2．中学校への携帯電話持参 ……………………………………………… 154
　　3．4人の体験 ……………………………………………………………… 158

Ⅸ　合意形成の大切さに気づくワーク ………………………………… 164
　　1．職場実習の日程 ………………………………………………………… 166

2．文化センターまでの道順……………………………………………172
　　3．楽しい潮干狩り………………………………………………………178

Ⅹ　リーダーシップを理解するワーク……………………………………185
　　1．やすらぎビレッジ……………………………………………………187
　　2．人間コピー……………………………………………………………194
　　3．クロスワード…………………………………………………………199

Ⅺ　チーム力を高めるワーク…………………………………………………206
　　1．スカイツリー…………………………………………………………207
　　2．動物ジェスチャー……………………………………………………211
　　3．私たちの公園を設計しよう…………………………………………215

Ⅻ　クロージング………………………………………………………………223
　　1．ウルトラ連歌…………………………………………………………224
　　2．私からあなたに一言…………………………………………………225
　　3．明日からの私へ………………………………………………………227
　　4．チェックアウト………………………………………………………228

引用文献……………………………………………………………………………229
グループ体験学習関係の書籍紹介………………………………………………230
グループ体験学習関係の学びの場紹介…………………………………………232
おわりに……………………………………………………………………………233

理論編

- Ⅰ　体験学習が求められる時代
- Ⅱ　グループ体験学習の基本を理解する
- Ⅲ　体験学習の進め方
- Ⅳ　体験学習の発展型

理論編

体験学習が求められる時代

1 若い世代に社会が求めるチカラとは

はじめに、次代を担う若者たちに目を向けてみましょう。

経済産業省は、2010年に「大学生の『社会人観』の把握と『社会人基礎力』の認知度向上実証に関する調査」を行いました。それによると、学生は自分に不足していると思う能力要素として、語学力、専門知識やスキルをあげていますが、企業側から見て学生に不足している能力とされているのは、主体性、コミュニケーション力、粘り強さの3つです。ここに学生と企業とのギャップがあります。主体性、コミュニケーション力、粘り強さというのは、学問として学ぶ教養というよりは、他者との関係の中で体験的に身につけていく能力です。

また、経済産業省は、職場や地域社会の中で多様な人々とともに仕事をするうえで必要な基礎的な能力を「社会人基礎力」として、①一歩前に踏み出し、失敗しても粘り強く取り組む力──「前に踏み出す力」(アクション)、②疑問を持ち考え抜く力──「考え抜く力」(シンキング)、③多様な人とともに、目標に向かって協力する力──「チームで働く力」(チームワーク)をあげています。これも、学問として学ぶというよりは、他者との関係の中で体験的に身につけていく力です。

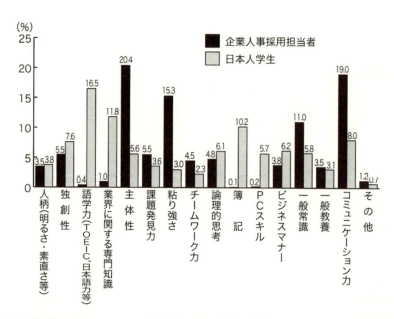

図1●学生が自分に不足していると思う能力要素、企業が学生に不足していると思う能力要素
(「大学生の『社会人観』の把握と『社会人基礎力』の認知度向上実証に関する調査」経済産業省、2010より)

その能力が低いのは、今の若者が指示待ち型であったり、多様な人たちとコミュニケーションをもつことが苦手であったり、発想や行動がマニュアル的で現場での知恵に欠ける傾向にあることによるものと考えます。その結果、すべての若者ではありませんが、多様な人たちとの間でフェイス・ツー・フェイスの関係で良好なコミュニケーションを保ちながら関係性を構築したり、問題解決をしていくことが困難になります。

　ベネッセ教育研究開発センターの「社会で必要な能力と高校・大学時代の経験に関する調査」（2010年）によると、社会で求められる力（問題解決力、持続可能な学習力、主体性、チームワーク力）を学生は獲得していないとしたうえで、社会と学生のギャップを克服するためには広い視野で教育をとらえ直すことが必要としています。そして、これまでの大学教育（専門性）に併せて課題解決型学習（社会性）の必要性を提案しています。

　以上のことから、高校生、大学生には、コミュニケーション力、チームワーク力、我慢強くかかわる力が不足していて、その養成が求められていることがわかります。また、これらは、学舎で知識として学ぶというよりは、学外に出て、市民とともに社会に貢献をしたり、さまざまな体験をする中で気づきながら学んでいくものであると思います。

　中央教育審議会が、平成26年11月に諮問した「初等中等教育における教育課程の基準等の在り方について」により、「アクティブ・ラーニング」（「どのように学ぶか」という、学びの質や深まりを重視することが必要であり、課題の発見と解決に向けて主体的・協働的に学ぶ学習）がにわかに注目されていますが、それはまさにここで紹介していく学び方です。

2 ● 多様な人とのコミュニケーションの場の確保

　東日本大震災復興への若者たちのボランティア活動における積極的な参画が評価されています。ソーシャル・ネットワーキング・サービス（SNS）を駆使して全世界に広がる支援活動の呼びかけをしたのは若い世代でした。そこには、大上段に構えた使命感ではなく、自分の得意なことで社会に貢献しようとするスタンスを感じました。ある人は子どもの勉強や遊び相手を、ある人は大切な写真の洗浄を、ある人はお年寄りのマッサージを、ある人は支援物資流通の仕組みづくりをと、実にさまざまな活動を自由に進めて、結果的に大きな力となりました。すばらしい発想と行動力だと思います。つながりやきずなを築いていきたいとする思いが感じられます。

　ひと昔前までは、三世代家族がそれなりにあり、さまざまな世代とさまざまな考え方がある中で子どもたちは成長していきました。また、隣の家同士で、採れたものやいただいたものを分け合ったりしていました。そのような隣近所や世間でのコミュニケーションをとおして、支え合うこと、

相手の気持ちを察することや交渉術などを身につけていきました。それが今はずいぶん少なくなりました。むしろ携帯電話やSNSの普及で、コミュニケーションをしたい対象者を選択して、気の合った者同士の間でのコミュニケーションが盛んになる傾向が見受けられます。その反面、苦手とする人や異世代とのコミュニケーションを避けながら世の中を渡っていこうとする傾向が見受けられます。

多様な世代や人格や価値観の人とのコミュニケーションの機会が少ないということは、対人関係における対応力の幅が狭まったともいえます。それが、他者との関係性の悪化による挫折感やうつな状態を引き起こすことの一因とも考えられます。今の若者が、時として、打たれ弱くなったと言われるのもそのことを指してのことと思います。心が折れそうになる自分自身や対人関係のありようを客観的に見つめ、どのような対人関係を築いていくとよいのかを考える学びが必要であると思います。

逆に、中年世代は、今の若い人は理解できないとか、何を考えているのかわからないと不満をもつことがあります。中年世代と若者とでは、文化や価値観の枠組みが違います。ですから、自分の枠組みで相手を理解しようとしても限界があります。そのことが理解できずに軋轢があっては悲しいことです。枠組みが違えば当然発想や価値観が違うということを認め合い、尊重できる部分を探すことが必要なのです。

以上のことから、かつての社会は、多様な人たちがかかわってその相乗作用の中なかで成り立っていて、そのなかで人は人とのかかわりを体験的に身につける場でしたが、その力が弱まっているように思います。であるなら、意識的に人間関係を学ぶワークショップをセッティングしていく必要があると考えます。

❸ 組織の中の人間関係

「仕事は嫌いじゃないけれども、人との関係がイマイチうまくいってないなー」とか、「合意がうまくできてないので、何となくちぐはぐしている」とか、「あの人のあのしゃべり方にイラつくね」などと、職場での人間関係の不満を耳にすることがあります。それとは反対に「あの人は、話をよく聴いてくれるのでいいね」、「彼がいると雰囲気が和むので、職場が明るくなるね」などの声も聞かれます。

いかなる職種、職場においても、組織人として働いている以上、対人関係のコミュニケーションをともないます。同僚同士、上司と部下、正規職員と臨時職員、お互いが一生懸命仕事をしているのですが、人間関係がうまくいかないばっかりにチームワークが崩れることがあります。

その原因のひとつには、お互い、自分の判断が最良だと思っているので、それぞれの判断基準が異なることによる理解の不十分さがあるのでしょう。

また、ともに合意形成をしていけば理解が進むにもかかわらず、自分が関知していないところでさまざまなことの仕事に関する意思決定がなされるため、「いったい、何なのよ。私を無視して」と不満につながることもあるでしょう。
　さらには、しゃべり方に思いやりがなくて、人間関係を壊すこともあるでしょう。特に職場の空気が沈滞していると、気持ちが減入っていって、否定的な言葉が出やすくなります。人間関係もそれに輪をかけるように悪くなっていきます。
　さまざまな個性がぶつかり合う以上、人間関係の軋轢が生じることがあっても不思議ではありません。大事なことは、お互いの価値判断に違いがあることに気づくことです。また、お互いが言葉じりにこだわってギクシャクしていて本質を見失いそうになる状況を客観視し、その解決策を見出す余裕をもつことです。
　職場のことを書きましたが、地域のコミュニティ活動や市民活動などにおいても類似のことがいえます。特にミッション（活動の使命）や運営方法にこだわりがある人が多い組織ほど、侃々諤々の議論が生じ、人間関係にくたびれそうになったりします。
　そうした場合、ひとつには、組織としての目的、目標への思いのずれ、その達成への方法論のずれなどによる人間関係のこじれがあります。目標や使命のずれを認めても、相手の人格まで憎む必要はないのです。手を取り合おうと思って活動していた市民同士が、険悪な状況では元も子もありません。

　最近、急激に拡大したサービス業のひとつに介護福祉サービスがあります。平成12（2000）年に施行された介護福祉法にともない、介護保険適用の介護福祉サービス事業所が設立されてきました。そこにおいては介護を必要とする高齢者に対して看護師や介護福祉士などがさまざまなサービスを提供します。そうしたところで効率主義が導入されると、人を対象とする仕事であるにもかかわらず、時間に追われて、サービスを利用される高齢者に対しての対応がマニュアル化しワンパターンになったりします。利用者は、「私は物ではないので流れ作業的に扱わないでよ」と言いたくなるのを抑えて、お世話になる身としてじっと我慢しているときがあります。
　一方、サービスを提供する側では、もてる機能を生かして自立しようとするための支援をする立場から、何かにつけ頼りがちの利用者に対して、利用者が気分を害さないように、自分でできることは自分でするように促す言葉がけをどうしようと迷うことがあります。
　医療系のスタッフ（看護師、作業療法士など）と福祉系のスタッフ（介護福祉士など）とは、そもそも学びの出発点が異なっていて、現場では意見の食い違いが生じることがあります。私の方が専門職として上位だと思う自負があって、対等な対話がなされにくいこともあります。お互いプライドをもって熱心に仕事をすることはいいのですが、プライドが角となって、スタッフ同士が角の突き合いをしていてはいけません。その部分の改善がなされないと、スタッフのチームワークが崩れていきます。

職場でも、地域でも、福祉現場でも、コミュニケーションをめぐる問題が山積みになっています。それらの改善のためには、コミュニケーションのありようについてのワーク（グループ体験学習）を行い、"今ここ"で感じたことを確認し合いながら学び合っていく学び方が効果的であると思います。

　私がお勧めしたい「グループ体験学習」とは、人間関係のありようについて、体験をとおして学ぶやり方です。ワークにおいて"今ここ"で起こっていることに注視し、協力や軋轢を体験して、自分の言動や相手の言動はどうであったか、そのときのグループの状況はどうであったかをふりかえり、相手への思いの寄せ方やその解決への手立てに気づいていくことが必要です。

　そのような学びをとおして、組織内の人間関係が改善され、チーム力がアップし、その結果として、意欲をもって職務に専念するスタッフが育ち、最終的に業績が上がる取り組みを組織開発の手法として取り入れられている組織もあります。

教育現場でのグループ体験学習の活用

　子どもたちは、大人以上に人間関係で悩んでいるかもしれません。「自分は無視されているのではないだろうか。いじめられることから逃れられない」と。仲間同士のことに気を遣いながらも、深い信頼関係が築けず、ストレスを抱えています。そして、不登校や自殺を招くこともあります。多感な時期だけに深刻な問題です。また、そうした人間関係が、クラスの帰属感や協力関係に現れ、クラス経営に影響してきます。

　そうしたなか、平成17年度から4年間、南山大学が中心となって、小・中学校および国立青少年自然の家の協力を得て、学校教育へのグループ体験学習導入の成果を検証する研究がなされました。

　平成17・18年度の文部科学省の「大学・大学院における教員養成推進プログラム」に選定された、「豊かで潤いのある学びを育むために ──ラボラトリー方式の体験学習を通した豊かな人間関係構築をめざして──」と題するプロジェクトが行われました。小・中学校の教師が、南山大学のプロジェクトスタッフからグループ体験学習を学び、自分の学校で児童・生徒に体験学習を実施した成果について報告されています。

　中学3年生において、体験学習を数多く実施したときの方がクラスへの満足度、協力度とも高かったという成果が報告されています。成果を調べるために作成した尺度では、クラスへの満足度、クラスへの協力度、他者との関係性（広さ）、共感・協調傾向、社会的スキルなどの尺度において、実施前と比べて有意になっているとしています。

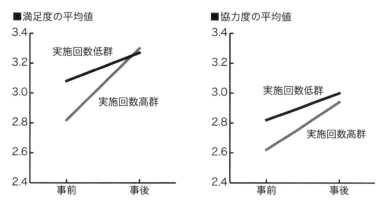

図2●クラスへの満足度・協力度平均値（中学3年生）

（津村俊充ほか「小・中学校における人間関係づくりをめざしたアクションリサーチ」『人間関係研究』Vol.7 2008より）

　また、別の実践報告があります。ある中学校で、全校あげてグループ体験学習を継続的に行ったところ、問題行動発生数が、平成14年度に180件余りあったのが、平成18年度には40件を下回るほどになりました。また、不登校生の割合も平成14年度に5％だったのが平成18年度には1％になったとの報告です。これは、2年間のELLMの導入により、学校の人間関係づくりに改善がみられたことを示しています。

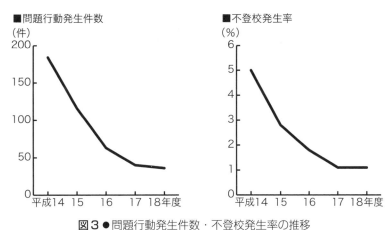

図3●問題行動発生件数・不登校発生率の推移

（采女隆一「よりよい人間関係づくりで学校改革を！」『スクールカウンセリングと発達支援』ナカニシヤ出版、2008)より

　これらの実践報告から、クラス経営やクラスの望ましい人間関係づくりにグループ体験学習が有効的であることが理解できます。

　学校教育では知識の伝達だけでなく、クラスメイトとともに課題を発見し、その解決に向けて主体的・協働的に探究する学習スタイル、いわゆる「アクティブ・ラーニング」が奨励されています。その基本的な考え方や手法がまさに本書で紹介する体験学習です。

5 ● 人間関係は育てていくもの

「簡単なように見えてなかなかできないことってなーに」。答えは、「相手に自分から声をかけること」です。

職場やかかわっている団体で、上司や先輩から親しく声をかけられるとうれしい気持ちになります。逆に、部下や後輩から親しく対応されると、これもうれしい気持ちになります。「私のことに期待をしている」、「私に対して親しみをもっている」という気持ちが湧いてきます。結局、人は存在を認められてなんぼです。声をかけられるということは無視されているのではなく認められているということの現れです。ですから、うれしくなるのです。ならば、自分から声かけをする努力をしたいものです。でも、人は"十人十色"です。内気な性格で自分から声をかけるのが心底苦手な人もいます。グループ体験学習を行っていると、そんな人がいてもよいのだと、さまざまな人格を受け容れられる自分が見えてきます。そういうまなざしがあると、他者を決めつけて見ることがなくなって、人間関係に温かい空気が流れます。

声をかけるということは、かかわりをつくろうとすることです。最も簡単にできるかかわりづくりは声かけでしょう。「かける」は「掛ける」です。言葉を相手に掛けることです。また、「懸ける」でもあります。気持ちを相手に差し向ける意味があります。相手の存在を意識しているから行えるのです。声かけは、人間関係づくりの出発点であるとともに到達点でもあるのです。

よりよい人間関係の構築は、テクニックだとは思いません。育てていくものだと思います。育てていくということは主体的な働きかけが欠かせません。その主体的に行動することを煩わしく思う人が多くなったために、人間関係が成り立ちにくい世の中になってきているのです。

思いやるは、「思い遣る」です。私の思いをあなたに差し向けるということです。そこで、相互の関係性が芽生えます。時としてありがた迷惑なこともあります。気持ちが心に染みることもあります。その相互作用のなかで生きがいも見出せます。その勘どころを養うことがとっても大切です。

思いやると、お互いに補い合うことができます。そして、補い合う関係は、私とあなたをつなげていきます。つながるということは、共感し合い、助け合う関係です。そのことにより、良好な人間関係が育まれます。そして私たち自身の人間的成長が促されます。その結果、私たちが所属したりかかわっている集団や組織は、良好な人間関係のなかで集団として組織としての役割を達成していきます。それにより、社会に対するよい働きかけが生まれます。

そのことを今一度自分のこととして考えるために、グループ体験学習を実施してさまざまなワークを重ねていけば、行動変容を獲得することが期待できます。

6 ゲーム感覚で体験しよう

　自分や他者を認め、良好な関係を育むために、グループ体験学習が効果的であることを述べてきました。体験学習のワークとしては、たとえば、各人が持っているカードに書かれた情報を出し合って、1枚の地図を完成させたり、グループで協力してオブジェを作ったり、課題に対してグループで意見交換しながらグループとして最良の判断をしていくものなどがあります。

　こうしたワークでは作業時間が設定されていて、その時間内に一定の結論を出すことが求められるので、たいへん集中します。ゲーム感覚でできるところがいいのです。学習ではなく"楽習"なのです。学ぶというと苦しいイメージを抱くかもしれませんが、そうではありません。楽しく学べると、発言もしやすくなります。そうするとますますよい雰囲気になります。ワーク体験をした後に続くふりかえりとわかちあいで、メンバーと心がわかり合える喜びを体験します。その部分が深い学びとなります。人と人との関係性や、グループに対して自分として働きかけることが見えてきて、新たな発見となります。その気づきが自分の自信や明日への力となります。そして、さわやかな感動すらもたらします。

　歴史家ホイジンガは、人間の本質を"遊ぶ人（ホモ・ルーデンス）"ととらえ、遊びは日常から区切られ、限られた空間、時間とルールの中に存在し、遊びをとおして文化が生まれるとしました。そのように考えると、ラボラトリー方式の体験学習はまさに文化を生み出す創造的な遊びです。それゆえに、ゲーム感覚で楽しいものになるのです。

　体験学習は、漢方薬のようだとも思います。その場しのぎの対症療法ではなく、じわじわと効いてきて体質（自分の生き方、対人関係）を変えるからです。何回も体験を繰り返すことで、自分や他者、集団を観察する目を養い、その関係性を客観視することで、冷静に判断し、行動できる自分をつくりあげていくことができます。対人関係における困っている部分も、客観視することで、自分自身にストレスがたまりにくく、また、人間関係の問題点の打開策が見出せるようになります。

　体験学習を行っていると、イソップ寓話の『北風と太陽』を思い出します。この寓話は、北風と太陽が、旅人の外套を脱がそうと競い合って、まず北風が強い風を吹かせます。旅人は、寒さから身を守るため外套を一層引き締めます。その後、太陽は暖かい日差しを燦々と注ぎます。旅人は体の芯から暖かくなり、外套を脱ぎました。そのようなストーリーです。人は厳しく理屈を並べられてもなかなかその気にはなりませんが、楽しく仲間と会話しながら体験をすると自然とその気になります。そのような意味で体験学習は『北風と太陽』の太陽のような学び方です。

理論編

グループ体験学習の基本を理解する

1 ● グループ体験学習が生み出されたきっかけは

　1940年に米国のマサチューセッツ工科大学の集団力学研究所を創設したK.レヴィンにより、グループ・ダイナミックスという学問が創始されました。グループ・ダイナミックスは、日本語では「集団力学」といわれる場の理論についての概念で、集団と人と環境の関係を説明しました。それは、人間の行動（B）は、個人の特性（P）とその人を取り巻く環境（E）との相互作用で決まるというものです。それにより、集団が個人に与える影響や個人が集団に与える影響を科学的に研究しました。

　たとえば、集団内のコミュニケーション、集団の凝集性、集団が個人に与える圧力などを実証的に研究してきました。ひとつ例をあげます。職場において、課長に昇進した人が、課長としての職責を演じることで、課長職を全うしていくということがあります。この場合、その個人としての資質だけでなく、周りの目線や与えられた課題がその立場に引き上げていくことがあるということです。

　K.レヴィンは、学問は社会に貢献したり、課題解決に役立つべきで、実践的、実用的であるのが望ましいという考えが強く、アクション・リサーチ法の提唱者でもありました。

　彼は、1946年のコネチカット州での人権問題のワークショップにかかわっていました。ワークショップが終わり、スタッフ・ミーティングで昼間のワークショップでのメンバーの言動に関する観察報告が行われ、昼間の参加者も加わりました。ワークショップのなかでの行動や議論はひとつの事実であるにもかかわらず、講師、参加者など、かかわり方により、その解釈や受け止め方が人により違っていることに気づきました。そのことを理解し合うことが大きな収穫となりました。K.レヴィンにはこの気づきは衝撃的で、そこから体験学習の原型を生み出しました。"今ここ"で起こっている体験そのものから学ぶという学び方の原型を見出したのです。つまり、体験をして終わりではなく、そのあとに、体験のなかで起こったことに対しての受けとめ方を話し合うことをとおして本質に近づき、相互に理解を深めていく手法を見出したのです。

　翌年にK.レヴィンは、この世を去りましたが、研究仲間のNTL（National Training Laboratories）により、Tグループ（Training Groups）として学びのかたちができました。

　Tグループは、人間関係自体を題材にしながら、ともに学びともに成長することに取り組むトレーニングです。Tグループでは取り組む課題は特に決められていませんが、グループで取り組む課題（exercise）が設定されているものを一般的に「ラボラトリー方式の体験学習」（Experience Learning through Laboratory Method、以下「ラボ式体験学習」と略記）として位置づけま

す。NTLにおいて、ラボ式体験学習を学んできた星野欣生氏、津村俊充氏らは、ラボ式体験学習を「特別に設定された人と人がかかわる場（ラボラトリー）において、"今ここ"での参加者の体験を素材（データ）として、人間や人間関係を参加者とファシリテーターとがともに探求する学習」（津村、2010）と定義づけています。

本書においても、その考えにもとづき、ラボ式体験学習を土台とする具体的なワークを紹介しています。

2 ● 体験学習の循環過程を知る

グループ体験学習を支える基本的な考え方を整理しておきましょう。第一に重要なのは、「体験学習の循環過程」ということです。

この考え方は、D. コルブによる体験学習モデルがもとになっています。D. コルブは、社会の課題を実践的に解決していこうとするJ. デューイの教育論や、体験学習の出発点を生み出したK. レヴィンの業績の研究をもとに体験学習モデルを提唱しました。それによると、

①具体的な体験をして、

②その中で起こったことを内省して（ふりかえり）、

③なぜ起こったかを考え一般化し（わかちあい）、

④次にどうするかを試みる

という循環です。

このようにステップを踏んでいくと、"今ここ"での体験をとおしてさまざまな気づきを導き出し、わかちあいのなかで「なるほど」と腑に落ち、意識変容が促されます。そして、メンバーと次

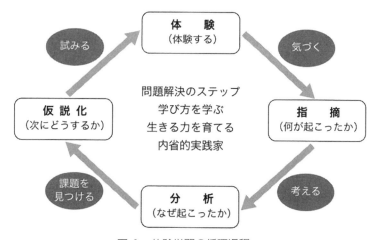

図4 ● 体験学習の循環過程

（津村俊充「プロセスからの学びを支援するファシリテーション」『人間関係研究』Vol.8、2009より）

にどうしようかと試みについてわかちあうなかで、行動変容する勇気を得ることができます。それは、自己成長を促す学びの循環過程ととらえることができます。さらには、単に自己成長だけでなく、自己成長をした一人ひとりが構成するグループや組織あるいは地域社会（コミュニティ）の成長を促すことになります。

❸ コンテントとプロセスを知る

　もうひとつの大切な核は、「コンテントとプロセス」です。直訳すると「内容と過程」といえます。このことをわかりやすく説明するために"氷山モデル"というものが用いられます。大海に浮く氷山は、水面に出ている部分（見える部分）と水面下の部分（見えにくい部分）から成り立っていて、実は見えない部分の方が大きいのです。

　体験学習では、人間関係のなかで行われていることやそこで交わされる言動の部分を「コンテント」ととらえます。その部分は見たり聞いたりできます。

　そうしたかかわりにより、自分の心の中で巡るさまざまな思いや、メンバー間で生じる協力関係、軋轢などさまざまな作用の部分を「プロセス」ととらえます。体験学習では、そうしたプロセスの部分に光を当て、人間関係のありようをどう考えるのか、どう対応していくと望ましいのかなどを学んでいきます。体験学習の循環過程の「指摘」、「分析」、「仮説化」をとおして、このプロセスを深めていきます。

　話をしているときに、言葉のかけあいや態度で、場の空気が固まったり和らいだりします。そのときに、どのように声かけをしていったのか、どのように感じたのかなどをふりかえることで、コミュニケーションのありようを考えることができます。

　また、グループで作業や活動をしているときに、メンバーがどのように参加していたのか、どのように意思決定していたのかなどをふりかえります。

　つまり、会話の内容や行っていた作業そのもの（コンテント）を分析してその是非を問うのではなく、そのときの私の心のなかで起こったこと、相手との関係のなかで起こったこと、グループのなかで起こったこと（プロセス）から、人間関係のありようや組織のなかのメンバーのかかわりを学ぼうとするものです。

　コンテントとプロセスを区分することは、「ふりかえり」のときに特に重要になります。

　私自身の経験を記しておくと、「ふりかえり」では、私がどう感じたか、どの程度かかわることができたかとか、グループの変化をどう感じたかなど、プロセスをふりかえることが求められているのですが、ついついコンテントの部分についての感想やら評論をしている自分がいました。ファシリテーターは、そのような状況を察知し、さりげなく助言をすることが求められると思います。

　私は、＜ふりかえりシート＞を配り記入する際に、再度「ワークのねらいを確認のうえ、行った内容のでき具合の感想ではなく、人間関係のなかで感じたこと、つまり人とのかかわりをふりか

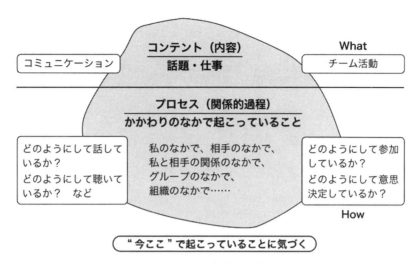

図5 ● コンテントとプロセス
（津村俊充「プロセスからの学びを支援するファシリテーション」『人間関係研究』Vol.8、2009より）

えって、感じたことを書いてください」と言います。また付け加えて、「ふりかえりで書く文字の多い少ないは問いません。自分の率直な気持ちを思い出しながら書きとめることが大切です」と述べています。

人にはそれぞれの枠組みがある

　同じ状況におかれたとき、自分が思っているように、他の人も思っているのでしょうか。必ずしもそうとはいえません。ですから、イメージしたことの違いから思わぬ誤解を招くこともあります。また、それぞれのイメージしたことの多様性が発揮され、1＋1が2以上の力になることもあるのです。

　自分自身の今までの 経験や認識してきた事柄（バックボーン）によって形成される枠組みのことを自己概念といいます。私は日本人です。私はお寿司が好きです。私は恥ずかしがり屋です。一例をあげましたが、それらすべてを自己概念といいます。

　人はそれぞれの生い立ちがあり、顔や性格が異なります。"十人十色"ですから、新たな出会いに心ときめかすのです。お互いが補い合い、社会が成り立っていくのです。

　自分の生い立ちのなかで確立した自分の価値判断で社会を見ますが、かかわりをもった人をその枠組みで判断しがちになります。そうすると、「私はこう思うのに、どうしてあなたは理解してくれないの」と不満だけが残ります。

　人には人それぞれに枠組み（自己概念）があるということを受け容れることが大切です。それにより、他者を受容することができます。先入観をもたずに受け容れることができます。その気持ち

があると、自分の視野や世界観が広がります。他者のよさに気がつきます。そのことで良好な関係が促進されます。

とりわけ、国際理解を促進するために多文化共生を理解しようと思えば、国民性による価値観や文化などのスタイル（枠組み）の違いをお互いに尊重することが原点になります。

「みんな違って、みんないい」という言葉があります。大正から昭和にかけて活躍した童謡詩人・金子みすゞの詩『わたしと小鳥とすずと』の中の最後の言葉です。それぞれの違いを尊び共存する喜びを歌いあげています。多様な生物が生きる自然も多様な人たちが共生する人間社会も同じです。であるなら、お互いの異なる枠組みを認め合い「みんな違って、みんないい」のスタンスを大切にしたいものです。

「私は○○だ」という自己概念を明確にもつということは自己理解を深めるということでもあります。つまり、自分と向き合うということです。自分のよい部分も悪い部分も含めて自分を受け容れることにつながっていきます。そのことを自己受容といいます。自分を受け容れるということは自分を認めることです。そのことにより自分は価値のある人だと思う自尊感情が高まります。それは自分の生きがいづくりや他者との良好な関係をつくり上げていくために大切なことです。

グループ体験学習のワークでお互いの枠組みが違うことを理解し、違うからこそ補完し合っているんだと気づけば、お互いを尊重できるのです。このことについて自分の腑に落ちることが、人間関係理解の第一歩だといえます。

❺ 自分理解を促進する「ジョハリの窓」の考え方

「ジョハリの窓」とは、心理学者ジョセフ・ルフト とハリー・インガムが1957年に考案した対人関係における気づきのモデルです。この２人の学者の名前を合わせて「ジョハリ」としたのです。

対人関係を４つの窓にたとえます。自分が知っていて他者も知っている自分があります。自他共に認める自分です。それを「開放の窓」とします。次に、自分は知っているが他者が知らない自分があります。それを「隠している窓」とします。そして、自分は知らないが他者は知っている自分があります。それを「盲点の窓」といいます。そして最後に、自分も他者も知らない自分があります。それを「未知の窓」といいます。

自分ってこんな人なんだとありのままの自分を他者に開いて示していくことにより、今まで他者がわかっていなかった自分を知ってもらうことになります。このことを自己開示といいます。でも、それは勇気のいることです。なぜなら、開示する相手と信頼関係が築かれてないと、知られたくない自分もさらけ出すことに抵抗があるからです。

他者は自分を映す鏡です。対人関係において、他者が自分について感じたことを率直に返してもらって、それを素直に受けとめることで、「へー、こんな自分もあったんだ」と、自分がわかっていなかった自分が広がっていきます。このことをフィードバックといい、グループ体験学習の大切な手法です。相手との間に信頼関係が築かれていないとフィードバックされたことそのものを疑ってしまいます。また、フィードバックする側も、相手が素直に受けとめてくれることを願っているわけですが、信頼関係がないとどのようなしゃべり方がいいのかとまどってしまいます。

　「ジョハリの窓」の説明は、それぞれのメンバーの言動について気づいたことを<ふりかえるワーク>をしたときに紹介するとわかりやすいものです。「私について、彼はこのようなとらえ方をしていたんだ」とわかったことが、他者からのフィードバックとなります。また、「私の行ったことが相手にはこうとらえられているのだ」という新たな自分の発見が自己開示の成果ととらえることができます。

　私の場合は、比較的ラフな気持ちで、ありのままの自分をさらけ出すようにしています。いわゆる自己開示です。天然ボケというかケアレスミスが多い私ですが、「また、やってしまった……」と、あからさまにしゃべります。恰好つけている自分よりもありのままを出している自分の方が、自分としても楽で良好な関係が築けると感じています。今の自分以上でも以下でもないのですから。まず自分が素（ありのまま）の自分を出すようにして、相手との距離を縮めるように心がけます。
　とはいえ、それがすんなりできる人とそうでない人がいます。それでいいのです。他者に強要す

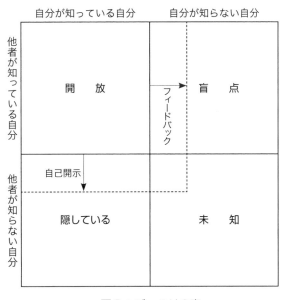

図6 ● ジョハリの窓

ることではありません。それぞれの枠組みが違いますから。体験学習を重ねることで、徐々にありのままが出せる自分になっていくのです。

　自己開示とフィードバックで未知の部分が減少していくことが自己成長です。ジョハリの窓で言うなら、「解放」の部分が広がることです。それを積極的に促進するためにどうしたらよいでしょうか。体験学習を重ねることもさることながら、私は、新たな出会いを楽しむように心がけることだと思います。新たな出会いのなかで、新たな人格とふれあい、刺激をいただきます。また、新たなチャレンジの場をいただきます。そのことにより、自分の未知の可能性の扉を開くきっかけとなっていきます。

6 ● 言語コミュニケーションと非言語コミュニケーション

　人間関係を築いていくために欠かすことのできないものは、コミュニケーションではないでしょうか。

　コミュニケーションの語源は、ラテン語の commūnis で、「共通の」「共有する」「分かち合う」という意味です。英語の share（共有する）と同義語です。お互いを理解し、思いを共有し合うこがコミュニケーションです。そこには、相互作用がともないます。思いが共有されなければ、たとえ言葉などを発したとしてもコミュニケーションがとれたとは言い難いかもしれません。そのあたりの難しさがあって、コミュニケーションが苦手、人間関係がうまくいかないということになるのでしょう。私自身も、そのようなことで悩むことがしばしばあります。

　さて、コミュニケーションは、言語（バーバル）コミュニケーションと非言語（ノンバーバル）コミュニケーションから成り立っています。言語コミュニケーションとは、話す、聞くというコミュニケーションです。それは、音声コミュニケーションといえます。非言語コミュニケーションとは、表情や動作です。いわゆる、話しているときの身振り手振りや顔の表情です。それは、視覚コミュニケーションといえます。時に匂いがともなえば臭覚コミュニケーションといえます。

　米国の心理学者メラビアンが、感情や態度について矛盾したメッセージが発せられたときの人の受けとめ方について実験を行っています。それによれば、人の発した言動が他人にどのように影響を及ぼすかというと、話の内容などの言語情報が7％、口調や話の速さなどの聴覚情報が38％、見た目などの視覚情報が55％の割合という結果（メラビアンの法則）が出ました。言語情報と聴覚情報が言語コミュニケーション（会話）に関することとするなら、その合計が45％になります。残りの55％が非言語コミュニケーションです。このことからコミュニケーションは、会話（言語コミュニケーション）の部分だけでなく、表情やしぐさ（非言語コミュニケーション）の方が大きく

影響しているということが理解できます。

"目は口ほどにものを言う"ということわざがありますが、相手に対して、「好きです」と言っても怒った顔をしていては相手には好きという思いは伝わりませんが、見つめ合ったり手を握り合うことでその気持ちが伝わるというものです。でも、言葉として言ってほしいという気持ちもあるとは思いますが……。

ワーク中において、話し合われている会話（言語コミュニケーション）だけでなく、メンバーの表情や態度（非言語コミュニケーション）をも観察し、そこから人間関係を読み取るチカラを養うトレーニングが体験学習であるといえます。

その導入であるアイスブレーキングのときに、私は、握手などさわやかなスキンシップを薦めます。それは、言語コミュニケーションと非言語コミュニケーションと両方を用いて、楽しく信頼できる仲間たちだよという雰囲気をつくりたく思うからです。

7 グループ・プロセスへの注目

グループ体験学習は、ワークを体験して、自分自身のこと、グループ・メンバーのこと、グループのことをふりかえり、それを自己成長の糧としていきます。ワークのほとんどが、2人から数人のグループで行うものです。そこでは、メンバー間の感情の動きや、意思決定のなされ方、リーダーシップのありようなどが起こっています。そのようなグループの中で起こっているさまざまなことをグループ・プロセスといい、そこに注目します。

1）リーダーシップ

まず、リーダーシップには、課題を達成しようとする機能とグループを維持しようとする機能があります。課題を達成するために、情報やアイデアを出し合い、目標や手順を定めたり、役割分担をしたりします。また、グループを維持するために、励ましたり支え合ったりして、お互いの良好な関係をつくろうとします。

それらのプロセスに注目します。つまり、誰がどのようなリーダーシップをとっているか、そしてどのような影響を与えているか、リーダーシップは固定化されているのか、得意とするところでメンバーがリーダーシップを分け合っているのかなどに注目します。

2）メンバーシップ

グループの一員として、グループにどのようにかかわっているかという視点です。それは、発言の度数、言葉の調子や態度などから知ることができます。また、メンバー同士の影響を与え合っているかにも注目します。

3）メンバーの感情

各メンバーの抱いている感情が、グループの目標達成にいろいろな影響を与えていることがしば

しばあります。それらの感情は、普通、表に出されないことが多いだけに、メンバーの声の調子や表情など、ノンバーバルなコミュニケーションから読み取るようにすることが大切です。

4）コミュニケーション

コミュニケーションは、グループ・プロセスの中でも観察しやすいもののひとつです。誰が誰に話しているか、相互に聴き合っているか（対応し合っているか）、お互いに受け容れているかなど、メンバー相互のかかわり合いの仕方に注目します。

5）グループの意思決定

グループにおいて意思決定が、ひとりでなされているのか、少人数でなされているのか、多数決でなされたのか、合意を得ながらなされているのかなどに注目します。また、意思決定されるときにメンバーがどのように関心を示しているのかなどにも注目します。

6）目標

グループの目標がメンバーに理解されているのかどうか、目標が不明瞭になっていくことはないのか、目標の再確認はどうなされているのか、などに注目します。

7）時間管理

グループが作業をするとき、時間管理の意識があるのかどうか、また、誰が時間管理をしているのかなどに注目します。

8）組織化

グループが作業をするとき、目標達成に向けての手続きが決められているか、役割機能の分化がされているかなどに注目します。また、それらはどのように確認され進められるのかに注目します。

9）規範

メンバーの行動を支配しているグループの中の取り決めや約束ごとを規範といいますが、メンバーに対して明らかにされているものと、暗黙のうちに了解し承認しているものがあります。それらの規範の中でメンバーはどのように判断したり、動いたりしているのかに注目します。

10）雰囲気・風土

それぞれのグループがかもし出しているグループ特定の雰囲気や風土がどのように変化していっているか、また、それがメンバーにどのように影響を与えているかに注目します。

8 ● プロセスを観察する視点

グループ体験学習において、ワークを体験した後にふりかえりのデータ集めのために、ワーク中の人間関係やグループのなかで起こっていることを観察します。その際には、ワークの内容そのものよりも、そのプロセスで自分のなかに起こっていることやグループ・メンバーのなかでの関係性（グループ・プロセス）に焦点を当てて観察したりすることが望まれます。その視点について説明します。

1）コミュニケーションについて

1点目がコミュニケーションです。グループでワークをしたときのコミュニケーションの観察ポイントとして次のことが考えられます。

- 誰が誰によく話したか
- 誰が誰を支持したか
- どのように感情表出がなされたか

2）意思決定について

次は、意思決定です。グループで作業をしたときの意思決定のなされ方の観察ポイントとして、次のことが考えられます。それによりリーダーシップやメンバーシップが見えてきます。

- 決めるのに要した時間
- 誰が決めたか（1、2人の決定、多数決、合意など）

3）雰囲気について

そして、グループの雰囲気です。時間とともにグループの雰囲気が変わっていきます。はじめはお互いが探り合っていたが、ワークの終盤になると協力関係が見えてきたりします。場合によっては、対立関係が生まれるかもしれません。

- グループの中での不安、緊張がどうであったか
- グループの凝集性（まとまり）、自由さがどうであったか

これらに気をとめながら観察する習慣を養っていくと、ワークをしている最中のプロセスを観ることができます。

理論編

体験学習の進め方

1 ● 体験学習はメンバー同士が気づきあう「めだかの学校」

『雀の学校』という童謡があります。「チイチイパッパ　チイパッパ　雀の学校の先生は　むちを振り振り　チイパッパ　生徒の雀は　輪になって　お口をそろえて　チイパッパ……」という歌詞です。知識習得のための講義中心の学習というイメージです。

一方、『めだかの学校』の歌詞はというと、「……めだかの学校のめだかたち　だれが生徒か先生か　だれが生徒か先生か　みんなでげんきにあそんでる……」となっています。これは、体験学習的にともに学び、みんなで刺激し合いながら気づいて、問題解決していく学習のイメージです。

気づくということは、自分の振る舞いの特色や考え方に新しい何かを見つけることです。このことは、かかわり合っている他者に対しても同じことで、気づくことは、あるがままの他者の新しいことを見つけることです。そして、それが他者の理解や受け容れにプラスになれば、気づきから学んだといえます。

私は、自分がファシリテーターをしたとき、「私は、多くを語りませんよ。皆さんのわかちあいの話し合いの中において気づくことで、大方目的が達成されますから」と言います。実際、大満足します。それでも質問が出ることがあります。その場合は、「その質問について、あなたはどう思われますか」、「このことについて、ご意見をおもちの方いませんか」とメンバーに返します。すると、2〜3人から意見が出ます。そのことが皆で学び合っているという空気を醸成します。その後に、私にも質問を受けていたのですから、「ひとつの意見として聴いてください。私としての経験上、○○○と思うことがあります」と発言します。これがめだかの学校型の学び方のファシリテートと思います。いかがでしょうか。

こんな話を聞いたことがあります。生まれながらにして難病を患ったお子さんをもったお母さんの話です。お母さんは食生活もきちんとし、生活も正していたのに障害のある子どもを授かってしまったと落ち込み、お子さんのことを隠すように生きていました。ところが、お子さんを連れて難病の治療で小児病棟に行くとそこで出会った他のお子さんが、まったく純粋な気持ちで、自分のお子さんに声をかけてきてくれたことに、子どもや自分を素直に受け容れてくれていると感じ、悲観して心を閉ざしていた自分の姿にハッと気づきました。それからというもの、あるがままの自分や子どもを受け容れようと思うようになりました。そして、子どもが音楽に興味をもつことがわかり、色々な楽器に触れさせていたところ、ピアノにさらに興味を示し、今では月に2回ほどピアノコン

サートを開くまでになったといいます。周りの人との出会いを通して、あるがままの子どもや自分を受け容れ向き合い、新たな生き方が自ずと見えてきたという話です。つまり、気づきの先生は、小児病棟に入院していた子どもたちだったのです。

2 ねらいを明確にする

授業のとき、「本日はこのことを学びます」と、学びによる習得で目指すところを示します。また、会議や話し合いにおいても「本日の話し合いでは、忘年会の日時や候補場所や進め方を決めよう」とか、「この課題の解決策を出したい」とか、本日の達成目標を確認します。

同じように体験学習においても、実施するワークのねらいを最初に告げ、確認しておくことが大切です。たとえば、「今から行うワークのねらいは、『組織における立場の違いとチームワークについて気づくことです』」と確認します。なぜそれが必要かというと、実習はゲーム性があり楽しいため、ねらいを最初に押さえておかないとワークを楽しむだけ楽しんで、いざ、ふりかえりのときに「何にも思い出せない」となってしまう恐れがあるからです。

単なるゲームに流れないためにも、あらかじめ「体験学習の循環過程」と「コンテントとプロセス」の概念を最初に説明しておくことは効果的です。

3 ふりかえりが眼目

ふりかえりは自分と向き合う（内省）時間です。かかわった人との間で交わされた言葉がけや行い、しぐさを介して気づいたことはどんなことであったかをふりかえります。感じたことを率直に＜ふりかえりシート＞に書きます。選択式の学習に慣れている世代の人にとっては、自分の気持ちを書き出すという記述は、自ら考える学習を進めるためには意味深いことです。

ふりかえりをするときの留意点をあげておきます。

1）具体的に

具体的なこと（あるときのある状況のなかで起こったこと）に対して具体的に行います。「△△△という行いに対して、私は○○○と感じた」などです。

2）私メッセージで

「私は、○○○と感じた」「私には、○○○と映りました」など、自分として感じたことを伝えます。いわゆる私メッセージです。一般論として言う必要はありません。

3）非評価で

よい、悪いの評価はしません。事実をどのように受けとめるかは相手にゆだねるのがよいでしょう。相手が評価されていると感じると、ありのままの自分を出さなくなり、結果的に学びが成り立

たなくなります。

　これらに費やす時間はふりかえりの内容にもより異なりますが、おおよそ10～15分ほどです。＜ふりかえりシート＞への記入の進み具合を見ながら、終了1分前の予告をしてから終了するのがよいでしょう。

4 ● ふりかえりからわかちあいへ

　次に、ワークをしたグループでわかちあいをします。ひとりで行うワークのときは周りの人4～5人が集まりわかちあいをします。＜ふりかえりシート＞に書かれていることを項目ごとに紹介します。わかちあいをすると、同じできごとに遭遇していてもそれぞれとらえ方や考え方の違いからさまざまな発言があり「なるほど！」の連続です。「わかちあい」は「解りあい」です。それは、先に述べたK.レヴィンが、Tグループの原点を発見したときの感動です。

　わかちあいをするためにはひとりが一方的にまくしたてていては成り立ちません。相手の発言を聴こうとし、対話しようとする姿勢を学びます。そのこと自体素晴らしい学びであると思います。わかちあいの時間は10～15分ですが、わかちあいが盛り上がっている場合はその時間を大切にしましょう。なぜなら、"今ここ"での学びの真っ最中だからです。また、ひとりの方についてメンバーが気づいたことを順次フィードバックするかたちのふりかえりのときには、さらに15～20分ほどみておくとよいでしょう。

　わかちあいで発言するときは、一般論で言うのではなく、「私は、○○○と思います」と、アイ（I）メッセージ＝私メッセージで発言します。かかわりのなかで感じ取ったことを語るのですから。また、よい、悪いという評価的な気持ちで発言したり聴いたりするのではなく、他者の意見の背景を理解しようとする姿勢で発言したり、聴いたりするように心がけることが望まれます。そうすることで、学びが深まります。

　ふりかえりの項目に、「学んだことをどう活かしますか」とか「明日からどのようにしたいと思いますか」などがあると、それは、体験学習の循環過程の「仮説化」に光を当てることになります。「仮説化」を「日常化」ととらえて、ワークによる意識変容を行動変容につなげます。

　わかちあいをすると、わかちあいのメンバーの発言を聴いたことで、体験した状況に対するさまざまな思いがわかり、新たな気づきが出てきます。そこでファシリテーターは、「○○さんのあの場面について、他の人はどのように感じていましたか」とか「今、○○と発言がありましたが、ほかにはどのように思っていましたか」などの問いかけをして、気づいたことを全体で確認し合いながら、気づきを深めていきます。それに合わせて、その気づきのバックボーンとしての理論などを解説するとよいでしょう。メンバーは科学的に頭の中が整理でき、スッキリします。

5 ● ファシリテーターの役割

　ワークを進めながら学びを援助促進していく人を「ファシリテーター」と称します。教師や講師でもなければ司会者でもありません。その語源は、ラテン語のfacilis（たやすい・容易）です。それが動詞になるとfacilitate（容易にする、なしやすくする）となり、それを担う人でfacilitator（容易にする人・なしやすくする人）となります。

　学びをする者がリラックスして学びを深めるための促進者と考えます。学びの場において、ふつうなら、お互い素（ありのまま）の自分を出そうとはしません。しかし、体験学習を進めるときにファシリテーターは、まずリラックスして安心してかかわれる場であることを参加者に示し、学ぶ者がワークをとおして素（ありのまま）の自分を見つめることができるようにします。そして、学びのメンバーから気づいたことを、批判的ではなく事実のデータとして返してもらうことで学びが深まります。そのためには、ファシリテーターは受講者から信頼される存在であることを確保することが求められます。

　体験学習の学びがプロセスから学ぶのであれば、ファシリテーターがおもに関与したり観察したりするのは学んでいるメンバーのグループ・プロセスです。学びのプロセスが効果的に進んでいるかどうかに集中します。

　私が体験学習の学びの途に就いたときにご指導をいただいた星野欣生氏は、ファシリテーターの行動基準として5つあげています。（星野、2003）それを手がかりに解説します。

1）相手中心であること

　主体は、ワークを行っている人たちです。よって、その人に光を当てます。そうすることで、対象者は、あるがままの自分や自分と他者との関係と向き合います。ファシリテーターは、あるがままの相手を受け取ることが求められます。「講師冥利に尽きる」という言葉がありますが、ファシリテーターとしては、そのような自分中心の発想は望ましい立ち位置ではありません。C.ロジャーズが提唱した来談者中心療法（のちの人間中心のアプローチ）に沿ったかかわり、つまり、見せかけの対面ではなく、無条件に相手に関心を示し、共感的に理解することが求められます。

2）個の尊重

　私たちは、同じ状況に遭遇していても"十人十色"で、人それぞれの特色ある考え方や行いがあります。それに対して、価値判断を加えることなく、個人の独自性を尊重します。「私は尊重されている」と各人が感じることが自分の素（ありのまま）を出し、学びが促進されます。

3）非評価の姿勢

　あるがままの個を受け入れるのがファシリテーターの立ち位置であるなら、個人の考えや行いに対して評価することはファシリテーターとして望ましいことではありません。たとえば「積極的な人は優れている」など、ひとつの価値観でメンバーを観てはいけません。それぞれの個を尊い存在

として接していくことが大切です。

　ファシリテーターは、プロセスを冷静に観なければなりません。対象者は、評価の目を感じるとありのままの自分を出さなくなります。それは相互理解の妨げとなります。

4）非操作ということ

　ファシリテーター自身の価値判断で、こうあるべきだと思いこみ、その方向に操作するようなかかわり方をしてはいけません。対象者のありたい方向を見つけ出すのを促進するためのかかわりがファシリテーターですから。今起こっているプロセスから学ぶのですから。

5）ともにあること

　ファシリテーターは、対象者に対して共感的にかかわることが求められます。私を受け容れてくれているという信頼関係を対象者がもつことにより、対象者はあるがままの自分を出し、その自分に向き合い、グループ・メンバーに対しても親和的なまなざしを向けます。

6 安心・安全な学びの場を確保

　ワークをしてふりかえり、わかちあいのときに、「私はここでは受け容れられている」という安心・安全が保障された場という信頼の裏打ちがないと、「自分のしゃべったことが、他に筒抜けにならないだろうか」、「そんな基本的なことも知らないのかと笑われないのだろうか」という思いが頭をかすめ、真のふりかえりが進みません。それではお互いを心底から知り合うことができず、学びが深まりません。そのような不安感を取り除いて研修が進むためにも、ファシリテーターは、ファシリテーターの行動基準を肝に銘じて、安心・安全な場をみんなでつくっていこうとする姿勢を全身で出していくことがとても大切です。また、体験学習を始める前にチェックインやアイスブレーキングを行うのは、心が許し合える関係でいたいねという雰囲気を確認し合うステップです。

　ファシリテーターは、ワークが始まる前に、「ここで話し合われたことを、研修終了後に他の場所で、『○○さんはこんなことを言っていたよ』など話さないでくださいね。あとから周りから色々と言われるという心配があると、ホンネで話し合うことができないし、信頼できる関係を育むことができませんので」と、研修の場は安心できる場をみんなでつくっていくことを約束します。

　ファシリテーターは、ワークを体験しているグループ・メンバーを観察していて、メンバーが安心・安全な気持ちでいるのかを察することが大切です。また、「今、気持ちは大丈夫ですか」と問いかけてみてもよいでしょう。

　研修者が学びの場において、安心・安全が保障されていると「メンバーとも楽しく学ぶことができた」「ありのままの自分を出すことができ居心地がよい」という感想をもちます。その感想や体験を実際の職場や所属する場にもち込んでほしいのです。そのことにより、メンバー間の関係性がよりよい方向に改善され、組織としてのパワーがアップします。また、学ぶ人の立場に立って、民

主的に声かけしながら場を進めていくファシリテーターの生き方そのものに共感をもちます。

そのことから、研修は、研修の場の雰囲気から学ぶことも多々あると思います。このようなスタイルを大事にする体験学習は、出会いから終了までの過程や、ファシリテーターの人となりすべてが学びとなります。

7 問いかけながら学びを深めていく

ファシリテーターは、学びやすくするように場を促進していく役割を負います。そのことについて「問いかける」という視点から考えてみましょう。なぜ問いかけを大切にしているかというと、体験学習は発見学習、気づくことから学んでいくという学びの手法であるからです。知識を伝達することで理解していく学び方ではここまでこだわりません。自ら気づくためには体験したことについて、「どうしてだろう」と問いかけから始まると考えるからです。その過程をとおして学びが腹に落ちるので、意識変容、行動変容と発展しやすいのです。人は作為的に影響を与えられても変ろうとはしませんが、自ら気づいたことは変わっていこうとするきっかけになります。

＜ふりかえりシート＞の項目は問いかけです。体験したときどのようなことを感じたり考えましたかという問いかけです。また、わかちあいのときに「○○について、もう少し具体的に聞かせていただいてよろしいですか」「△△さんのその言動は、グループにはどのような働きかけがあったのでしょうか」などと問いかけます。そのような問いかけを受け、もう少し考えることで他者理解や自己理解が深まります。グループを活性化するためにメンバーへの自分のかかわり方などを考えます。ここがラボラトリー方式体験学習の醍醐味です。学びが深まるような問いかけをしていきたいものです。

問いかけは詰問することではありません。「なぜですか、なぜですか」と問い詰めると行き場がなくなって、ストレスや無力感を溜め込んでしまいます。ですから強要してはいけません。状況を見ながら問いかけをするというタイミングや問いかけの言葉の見極めがファシリテーターには求められます。

組織心理学者のエドガー.H.シャインは、支援者として「円滑なコミュニケーションを行うためには、人間関係が重要な役割を果たす。課題を遂行するためには、コミュニケーションが円滑に行われていることが肝要だ。良好な人間関係を維持するためには、『今ここで必要な謙虚さ』を軸として相手に『謙虚に問いかける』ことがかぎになる」(2013)と謙虚に問いかけをすることの重要性を説いています。支援者の問いかけは、ファシリテーターの問いかけに置き換えることができます。このように謙虚な立ち位置でワークにかかわって問いかける中で、メンバーは自分のこととしてものごとを考え、助け合える良好な人間関係が形成されます。当然ワーク時に限ることなく、職場での会議や職員を育てる場面でもこのような謙虚な問いかけは欠かすことはできません。

8 グループ体験学習実施の流れ

　以上のことをまとめて、体験学習の流れを改めて整理してみましょう。グループ体験学習のひとつのワークは、短いものであれば30分程度、長いものになれば2時間程度を要します。いずれにおいても次に示す基本的な流れに沿って進めていきます（表1）。

1）アイスブレーキング

　体験学習への参加者は、どんな人と出会うのだろうか、難しくないのだろうかと、緊張していることが多いものです。その緊張をほぐすのがアイスブレーキングです。

　アイスブレーキングでは、チェックインと称して、今の気持ちを無理のない範囲で紹介することもあります。また自己紹介ゲームをしたり、軽くふれ合いながら緊張をほぐすゲーム（アイスブレーキング・ゲーム）を行います。気持ちがほぐれ、わくわくする雰囲気が形成され、このメンバーと一緒に学び合うんだ、信頼できる仲間なんだという気持ちを確認できれば成功です。時間は、15分程度です。学びが1日日程、2日日程のときは30分ぐらい費やします。

　アイスブレーキング・ゲームや自己紹介のときに行う握手は、非言語コミュニケーションの最たるものであると思います。親和の表現です。日本人は、握手とかハグの生活習慣は欧米人より少ないので、こうした機会に馴染んでいただければと思います。

2）導入

　本日の学びの目標を明らかにし、体験するワークのルールを説明します。特に、実習のねらいをきちんと告げることは大切です。学ぼうとすることを確認することで、学びへのモチベーションを高めます。そうしないと、せっかくのワークをゲームとして楽しむだけで終わってしまいます。

　学びを促進するために、「体験学習の循環過程」と「コンテントとプロセス」の講義をすることもあります。その場合は、15分ほど要します。

3）ワーク

　ワークはひとりで行うもの、ペアで行なうもの、数名のグループで行なうものなどさまざまです。そこで、アイスブレーキング・ゲームのときにグループ分けをすることもあります。

　また、ワークは、マーカー、模造紙、情報カードなどを使用することがありますので、すぐ配布できるように、あらかじめ準備しておくことも怠ってはいけません。

　多くのワークは、制限時間が設けられていますので、制限時間をはっきり告げたり、表示をすることが大切です。制限時間内に課題を達成するのは大切なことですが、全体進行を見ていて、課題が達成されてない状態でしたら、参加者と合意しながら、3分とか5分程度延長することもあります。なぜなら、おおむね課題が達成されていないと、残念という気持ちがその後のワークのモチベーションを下げてしまうからです。

4）結果や正解の発表

　ワークの多くは、課題を達成するものです。グループで課題に取り組むので、その結果を知りた

いものです。また、正解があるワークであれば正解に対してどこまで達成できたかを知りたいものです。そのために結果や正解の確認を行います。

しかしながら、正解を出すこと（コンテント）が最終目標ではないので、正解のみに話題が集中しないようにします。

グループで作業をした成果物をお互いに見せ合うこともあります。

5）ふりかえり

ほとんどの場合、ワークのねらいに沿った質問項目で作成した＜ふりかえりシート＞を用いて、ねらいに対してどのくらい学ぶことができたか「プロセス」をふりかえりします。ワークに取り組んでいるときの自分自身やメンバーとの関係のプロセスについて内省します。そのためにも、ファシリテーターは、再度コンテントのできのよし悪しではなく、プロセスをふりかえることを確認するとよいでしょう。ふりかえりに費やす時間はおおむね10分程度の時間を予告しますが、熱心にふりかえりをしている人を無視することは望ましくないので、若干時間を延長することもあります。

6）わかちあい

ワークをしたグループ・メンバーとふりかえりの内容をお互いに伝え合うことで、わかちあいをします。その場合、1番目の質問事項について、メンバーは書いたことを順に紹介します。次に2番目の質問事項についてと進めていきます。ここの部分は、自分の正直な気持ちを他者に告げることになるので、自己開示の時間でもあります。その意味でも信頼できる関係性をつくっておくことが大切です。

＜ふりかえりシート＞によっては、表を作成してメンバーそれぞれの言動について気づいたことを記入する箇所があります。それについては、まず当事者が発言したあとにメンバーがその人について気づいたことを順に発言するように進めると効果的です。自己開示のあとにメンバーからのフィードバックがあるので、深い学びになります。日ごろの会話ではそこまで気持ちを確認し合うことがあまりないだけに「私のことをきちんととらえていてくれてうれしかった」などと、メンバーとの関係性も深まります。

＜ふりかえりシート＞によっては、「○○さんの△△について、□□と思った」ということを紹介し合うことがあります。そのようなフィードバックにより、自分の新たな側面に気づいたり、そのように思う人もいるんだという他者理解ができます。

わかちあいの途中で中断することを避けるために、わかちあいの進み具合を確認し、若干の時間延長をすることがあります。それは、"今ここ"における学びを大切にしたいからです。

7）全体わかちあい・コメント

わかちあいをしたことにより新たな気づきがあります。そのあたりの気づきをインタビューして拾っていき、参加者全体で共有します。そのときに共感が得られると学びがさらに深まります。重要と思われる発言があった場合、「そのことに対して、他の人はどう思われましたか」と問いかけると、わかちあいが深まります。

あわせて、インタビューから取り上げたことに対する理論などを解説（コメント）して、一般化

し理論的な裏付けをします。ジョハリの窓、リーダーシップ理論などを紹介します。

さらには、ワークからの学びを明日からの行動にどう生かしていくかを確認し合うとよいでしょう。

全体わかちあいの後にクロージングやチェックアウトをして感動的に終了するとよいでしょう。

表1 ● グループ体験学習の流れ

時間	内容	備考
15〜30分	**アイスブレーキング** ・チェックイン、自己紹介、アイスブレーキング・ゲームなどをして、場の緊張をほぐし、信頼感を高め、実習に向かう気持ちを整える。	・ファシリテーター自身の緊張もほぐす。
5〜15分	**導入** ・ワークの目標及びワークのねらいやルールを説明し、学びへのモチベーションを高める。	・学びを促進するために、「体験学習の循環過程」と「コンテントとプロセス」の講義をすることもある。その場合は、15分ほど要する。
10〜40分	**ワーク** ・課題のシートや使用する道具を配布し、実習の手順に質問がないか確かめる。 ・終了時間のあるワークは、終了時間を明確にする。 ・ワークを行う。	・ワークの取り組み状況を観察する。 ・終了していないグループがある場合は、メンバーに了解のもと5分以内で時間延長をすることもある。⇒"今ここ"での学びを大切にするため。
0〜10分	**結果や正解の発表** ・ワークによっては発表の必要のないときもある。 ・結果や正解を発表する。その場合、ホワイトボードに各グループの結果などを示したりして全体にわかるようにすることもある。	・正解を求めること（コンテント）が最終目標ではない。
10〜15分	**ふりかえり** ・＜ふりかえりシート＞を配布する。（ふりかえりシートを使用しないときもある） ・ふりかえりの時間を予告する。 ・プロセスについて内省し、ふりかえりの項目に沿って記入する。	・ふりかえりの様子を観察する。 ・時間が不足したときは若干の時間延長をする。⇒"今ここ"での学びを大切にするため。
10〜15分	**わかちあい** ・わかちあいの時間を予告する。 ・グループ単位で、＜ふりかえりシート＞に書いたことを順に発表するかたちでわかちあう。	・わかちあいの様子を観察する。 ・時間が不足したときは若干の時間延長をする。⇒"今ここ"での学びを大切にするため。 ・わかちあいの発言を拾う。
10〜20分	**全体わかちあい・コメント** ・わかちあう中で気づいたことをインタビューして、参加者全体で共有する。 ・気づいたことの裏付けとなる理論を紹介する。 ・チェックアウトをして終了する。	・わかちあいの発言を拾う。 ・気づきのわかちあいを共感することを大切にする。 ・学びの根底にある理論の紹介をして科学的に学びを整理する。

＊時間はあくまで目安で、行うワークや参加人数により異なる。
＊"今ここ"での学びの中での気づきを大切にする。

体験学習の学びで何が養われるのか

　これまで、グループ体験学習は良好な人間関係を築くために有効であるということを前提として述べてきましたが、具体的にどんな資質が養われるのでしょうか。

　"今ここ"での体験におけるグループ・プロセスのなかで起こっていることをふりかえって、それを分析して一般化するなかで、コミュニケーションのありよう、リーダーシップのありよう、対人関係におけるホスピタリティ、チームで活動する際の自分の役割、メンバーへの思いやりなどを学ぶことができます。そのことを通して多文化共生、いじめ防止などにも役立ちます。

　それらが総合的に作用したところで、チーム力アップを図ることができます。さらには、まちづくりなど社会とのかかわりの課題に取り組むことで、積極的な社会参加へと発展していきます。

　これらの根っこにある体験学習で養われる能力として、星野氏は次の5つのキーワードをあげています（星野、2007）。それを手がかりに体験学習によって得られるものをまとめてみましょう。

1）社会的感受性

　体験学習は、プロセスから学びます。自分や他者の心の中で起こっていること、人との関係の中で起こっていること、グループや組織の中で起こっていること、社会の中で起こっていることを感じ取ります。ふりかえりをとおしてその感受性をトレーニングします。

　これは人の痛みに寄り添える姿勢や場の空気を察知するチカラとなります。

2）状況観察力

　体験学習は、対話や活動をとおしてさまざまなリアクションがあります。それらを観察して、ふりかえりをしていきます。そのことによって、状況観察力が養われます。

　これも人の気持ちに寄り添うことに役立ちます。また、役割を担いながら活動をしているとき、気持ちよく動いているのかどうかなどを察知する能力となります。

3）行動力

　体験学習は、よりよい人間関係に気づくことにより、意識変容、行動変容を促します。体験学習を体験した人から、「体験学習によって、場の雰囲気を感じ積極的に働きかけようと、自ら声かけができるようになった」という声を聞いたことがありますが、まさに行動力を喚起したのです。

　体験学習は生きた学びです。自己成長や社会の改善に役立つことをめざします。そうしたことから、行動力につながっていくことは大切です。

4）思考力

　体験学習は、ふりかえりの作業により、自己を分析し洞察します。そのことをとおして思考力が養われます。

　体験学習は、楽しくて瞬く間に時間は経過します。そして心地よい疲労があります。なぜなら、真剣に内省し、自己開示やフィードバックしているからです。前頭葉を使って思考しています。

5）関係力

体験学習は、グループでのかかわりのなかで体験的に学んでいきます。関係力とはすなわち人間関係力です。人と人とのよりよいかかわり方、よりよいコミュニケーションのありようを身につけていきます。

　先に社会人基礎力として、「前に踏み出す力」「考え抜く力」「チームで働く力」を紹介しましたが、まさにそれに通じるものを身につけていくことになります。前に踏み出す力を支えるのがおもに行動力です。考え抜く力を支えるのがおもに状況観察力と思考力です。チームで働く力を支えるのがおもに社会的感受性と関係力です。

理論編

体験学習の発展型

1 「組織開発」という発展

　私自身、グループ体験学習を活用し始めたころは単発でコミュニケーションのワーク、ホスピタリティのワーク、リーダーシップのワークなどを行っていました。しかし、回を重ねていくなかで、チームの活性に働きかけるワークを行うようになりました。ニーズを受けながらチーム・ビルディング的志向が高まってきたということです。

　先に紹介した、米国でのラボ型体験学習の発展の歴史にもそのことがうかがわれます。それは組織開発（Organizational Development：OD）というかたちでの発展です。「組織開発」は、とらえにくい概念かもしれませんが、その研究者である中村和彦氏は、「組織開発とは、組織の人的プロセスに働きかけることにより、組織の効果性や健全性を高めようとする実践である」（中村、2012）と定義しています。構成員の関係性や気持ちの部分に働きかけ、組織におけるスタッフ間の関係、経営者とスタッフの関係を信頼性ある状況に高め、自律しながらも協力し合える関係に開発することで、仕事へのモチベーションが上がり、その結果、より質の高い仕事をしていくように方向性を支援していくことを組織開発といえばよいでしょう。

　米国で組織開発が研究された初期は、組織を調査や聴き取りにより診断して、明らかになってきた問題に対して対応していく組織や対応の手順を明らかにして取り組んでいき、その検証をしながら組織改善を加えていくという組織開発が主流でした。それをNTLの研究者であるブッシュとマーシャクは、「診断型アプローチ」といっています。

　それに対してメンバーとの民主的な対話により、当事者意識をもって解決策を模索していく手法が必要であるとして、それを「対話型アプローチ」としました。それは、グループ体験学習や下記に簡潔に紹介するワールド・カフェやアプリシエイティブ・インクワイアリー（AI）などの対話の手法を活用して、人間関係での信頼性や協働性を高め、合意しながら、改善のために働きかけていくことで組織を開発していこうとするアプローチです。

　そのためには、対話を促進するファシリテーター役を担う者がメンバーに質問を発しながら、核心に迫っていくような志向を支援します。それによりメンバー同士相互理解が促進され、共に考え行動するメンバーとして、自らの手で解決策や改善案を導き出していこうとします。

　なお、そのような立ち位置で個人に働きかけ、自ら目標設定、行動管理をしていくための支援がコーチングです。

　視点を変えて考えてみましょう。中村氏の分析によると、組織開発は人材マネジメントによる働

きかけ（キャリア開発、人事評価制度など）、技術・構造的働きかけ（QC活動、業務デザイン・職務再設計など）、戦略的働きかけ（定型・合併、ストラテジック・プランニングなど）、ヒューマンプロセスへの働きかけ（チーム・ビルディング、プロセス・コンサルテーションなど）の4つの手法があるとしています。そのことを踏まえて考えると、ラボ式体験学習と関連付けて手順を組み立てている組織開発の手法は、人的関係性にフォーカスしながら、話し合いにより人的関係性のプロセスを深めていくので、まさにヒューマンプロセスへの働きかけであり、対話型アプローチです。

② 対話を促進する手法

　従来から創造的にアイデアを出していく手法としてブレーン・ストーミング、出されたアイデアを整理していく手法としてKJ法があります。ネーミングこそ意識していなくても経験された方は多数おられると思います。

　1980年代後半より対話型アプローチの組織開発の拡大とともに、いくつかの対話の手法が考案されました。リラックスした雰囲気の中で未来志向的にポジティブに思考することで創造的にアイデアが生まれ、そのプロセスが可視化できるので合意形成が図りやすいという特徴があります。進め方も民主的で、いわゆる声の大きな人が一方的に発言するので、他のメンバーが発言しにくいとか、あらかじめ想定された落としどころに向けて誘導されるということを避けることにも配慮した手法です。ですから先にも述べたように、手法を活用している過程の中でリーダーシップやメンバーとしての協働性が育まれます。

　代表的なものとして、アプリシエイティブ・インクワイアリー（AI）（1987）、ワールド・カフェ（1995）、フューチャー・サーチ（1995）などの手法があります（表2）。ワールド・カフェは2、3時間で、アプリシエイティブ・インクワイアリーやフューチャー・サーチは2日がかりで行ったりします。また、創造的な発想を促進したり、情報をまとめるときにブレーン・ストーミングやKJ法と組み合わせて行われていることもあります。

表2 ● 組織開発に役立つ対話の手法

手　法	概　要
アプリシエイティブ・インクワイアリー（AI）	米国のデービッド・クーパーライダーとダイアナ・ホイットニーらにより、1987年に提唱された手法です。 "アプリシエイティブ"とは、"価値を認める"という意味です。"インクワイアリー"とは"問いかける"という意味です。つまり、人や組織の可能性や強みをイメージし、そのことについて問いかけ、その様子を物語のように語ることをとおして、その価値を認め、ポジティブな力をつけていこうとする手法です。 AIを進めていくには、4Dサイクルというのがあります。発見（Discovery）→理想（Dream）→設計（Design）→実行（Destiny）というサイクルに沿って、自分や組織の強みを発見し、その状態になるための設計をして、実行に移していこうとするものです。
ワールド・カフェ	アニータ・ブラウンとデイビッド・アイザックスによって、1995年に開発、提唱された手法です。 ワールド・カフェは、人々がまるでカフェにいるような雰囲気の中で、テーマについて小グループで対話し、テーブルホスト以外のメンバーを入れ替え、また対話をすることを3回ほど繰り返すことにより、さまざまな意見や情報と出会い、相互理解を深めるとともにアイデアなどを創出する手法です。 参加者が少人数と対話をしたにもかかわらず、対話した人が持ち込んだ情報を知ることで、数多くの方と創造的な対話ができた満足感に満たされます。
フューチャー・サーチ	フューチャー・サーチは、1987年にマーヴィン・ワイスボードによって提唱され、サンドラ・ジャノフなどにより改良がなされ、1995年に完成された将来のビジョンを描く手法です。 利害の異なる関係者（ステークホルダー）が一堂に会し、将来のありたい姿や取り組むべき課題について話し合い、「過去」「現在」及び「未来」の姿を確認し合い、皆が合意できるコモングラウンド（共通の基盤）を築いたうえで、アクションプランを導いていこうとするものです。 話し合いのプロセスをとおして、利害関係者の間で共通の価値を合意し合えるという利点があります。

3 ● 組織開発でメンバーのモチベーションを高める

　興味深いデータがあります。『なぜこの会社はモチベーションが高いのか』の著者である坂本光司氏は、3,000社ほどの中堅・中小企業を調査した結果から、次の2件を明らかにしています。

・社員のモチベーションが高い企業ほど、その業績が高い
・社員のモチベーションが高い企業の離職率は低い

　そのうえで、坂本氏は、「社員のモチベーションが高い企業においては、好不況にかかわらず人財の育成に注力しているばかりか、より人財たらんと意気込む人々をあらゆる機会をとらえ、発掘・発見する努力をしているのです」（坂本、2009）と述べています。

　さらに、社員のモチベーションのレベルと導入制度等の間に根強い相関関係のあるものとして、①経営情報の公開、②経営計画づくりへの参画、③全者会議の実施、④中長期経営計画の明示、⑤何でも言える組織風土づくり、などをあげています。

　これは営利企業での調査研究ですが、非営利組織や任意の組織においても同じように当てはまり

ます。このことからいえることは、組織経営において、スタッフを大切にし、情報を公開して、意思決定を可視化していることです。経営者や管理者とスタッフ、スタッフ同士の安心できるコミュニケーションの場を確保して、運営（経営）にかかわる提案への参画を行っている組織は優良な成績を上げているということです。

コミュニケーションを大事にする、信頼できる人間関係を築くということは、グループ体験学習で学ぼうとする人との関係性のありようそのものです。

モチベーションは、外発的な要因と内発的な要因に分けることができます。外発的な要因とは、自分以外からの指示命令や自分に与えられた役割に従おうとする要因です。内発的な要因とは、自己の内部から欲してくる要因です。その内発的モチベーションを高めることにグループ体験学習は役立ちます。なぜなら、ふりかえりのなかで内省をし、グループ・メンバーと感じたことをわかちあうことで、かかわり方が徐々に変容していくからです。主体的にものごとを考え、人との関係の中で取り組んでいこうとするようになります。よって、自律的であり協調的なかかわりになります。

自律的、協調的な姿勢は、前向きであり肯定的な姿勢です。そうした姿勢でものごとに臨むと、自己の成長を促します。いわゆる、自己効力感（self-efficacy）が育ちます。自己効力感とは、心理学者アルバート・バンデューラが提唱した用語で、何らかの課題に直面したときに達成できるのだという自己に対する信頼感や有能感のことをいいます。その自己効力感がますます仕事への主体的なかかわりを促進し、さらなる自己の成長をも引き出します。

よって組織開発の研修においては、参加者がワークに取り組むなかで、モチベーションを高め、自己決定や自他受容、協力関係などに気づき、最終的には自己効力感を高めていくように支援していくことが大切です。

なぜ自己決定、自他受容、協力関係を重視するかというと、スタッフ同士がそれぞれの人格を認め合ったうえで、主体的に意思決定にかかわり、それぞれの持ち味を生かして協力することで、仕事のなかでの自己効力感が高まると考えているからです。そうすることで自律した組織へとなるからです。そのことにより、周りから評価される仕事ができ、結果自己効力感が増し、職場への定着率も高まります。そのような環境の中でチームワークが形成されていくと考えます（図7）。

4 ● グループ体験学習を構成して組織を活性化する

今まで述べてきた組織開発の視点に立ったプログラムのほんの一例を紹介して、全体像を考えてみましょう。

ここに示したものは、私が介護福祉サービス事業所で行ったものです。介護福祉サービス事業所は、看護師、介護士、療法士、栄養士などの専門職から成り立っています。そして、看護師や介護

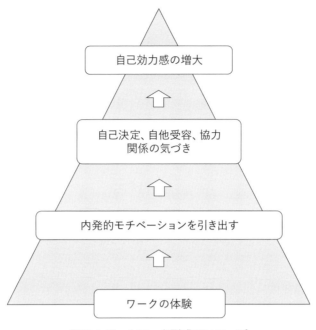

図7 ● チームワーク形成のステップ

士を10年余り続けてきて主任になり、チームのマネジメントにかかわっていきます。その場合、専門のスキルアップ研修などへの参加はしばしばあるものの、チーム力アップへの働きかけの研修への参加は意外と少ないという状況があります。よって、チームのマネジメント（チームとして、目標を定め、情報の共有や合意の方法など）について手探り状態で進めているというのが現実です。場合によっては、そのあたりがうまく進まず、スタッフの離職が起こることも見受けられます。

その意味では関係性に働きかけるマネジメントの進め方を体得していくことは急務であると考えています。そんな裏づけのもとで、主任のマネジメント力を高めることで事業所の組織開発をしていこうというねらいで構成したプログラムです。研修のかたちで進めていき、そこで学んだ主任が、チームの中で身につけた手法や人的関係性を生かして組織の活性化を図っていただくというものです。

なお、研修は1日日程で月に1回、12か月にわたり行いました。

12回のうちの1〜4回目は、本書で紹介するグループ体験学習を活用して、ホスピタリティ、リーダーシップ、チームワークなどについて体験的に学びながら、人的関係性の「プロセス」を観るチカラを養います。プロセスを観るということは、体験学習の学びだけでなく、そのあとで学ぶ会議のときのファシリテーションや事業を計画して進めていくときにおいても重要なことになってきます。また、研修の復命をそのつど上司やチームメンバーにきちんと行うことを受講者に求めました。このこと自体情報の共有であり、周囲への研修での学びの波及効果を期待したからです。

次の5〜8回目は、合意形成が得られる会議、元気の出る会議を進めていくことが大切であるととらえ、その進め方や留意点について体験をしながら学びます。また、アイデア出しとそのまとめ

方についても体験的に学びます。通常、会議の司会者は、議題の内容（コンテント）について、成果のある結論が出たかどうかに注目しますが、併せて、会議のプロセスを観ることにも注目します。つまり、組織の活性化を図るために合意形成がどのようになされたか、誰の発言がどのように影響していたのかなど、グループ・プロセスを観ることの大切さを学びます。連絡調整だけの会議だけでは受身になります。創造する会議をうまくファシリテートするチカラをつけます。会話が盛り上がり、提案したことが生かされるとやる気が増大します。そんな気持ちをかき立てる会議の展開について理解を深めていきます。

終盤の9～12回目は、学んだことを総結集して、自分が所属するチームにおいてメンバーの資質向上やチームの課題解決の企画立案をし、具体的な取り組みをすることを行います。まず、上司に対して取り組みをすることの了解を得て、チームメンバーとともに計画立案しながら取り組んでいきます。その際、主任だけが抱え込むのではなく、メンバーとともに行っていくための声かけなどについて、どのようにしていくと効果的かについて対話しながら気づくようにしていきます。

実践していく過程において、取り組んでいる内容（コンテント）の目標や成果が関連しているのかどうか、進捗管理は順調であるのかなどを確認するように働きかけます。加えて、チームメンバーの合意形成がどのようになされたとか、チームの雰囲気ややる気はどのようになっていくのかなど（プロセス）を観ていくチカラを養うことを体験的に学んでいくことを大切にしました。

最後には事業所の経営者や管理者にヒアリングして、成果の出る研修であったかどうかなどを評価します。そして、組織開発においては人的関係性の改善にフォーカスすることの有用性について認識をもってもらえるように、評価をもとに経営者や管理者と話し合うようにしています。

最近実施した主任対象の輝くチームワークづくりのための取り組みの研修に参加した人の感想を紹介します。

「介護主任という役職につき、どのようにフロアのスタッフをまとめていったらいいか、どう動いたらスタッフのモチベーションを上げることができるか等を常に考え勤務してきました。今までスタッフの意見は、日ごろの業務やカンファレンスをとおして引き出してきたものの、最終的な決定事項は私自身が決めていた場面が多かったように思います。

今回、主任研修の中で学んだ会議の際のレジュメ作成とともに、フロアカンファレンスのなかでのグループワークをはじめて取り入れました。普段のカンファレンスの順番に意見を述べて決定していくやり方に比べ、ポストイットを使用することで、新人や中堅職員関係なく自分の意見が述べやすく、また、グループワークでスタッフの団結力も高まり、活気ある内容の濃い話し合いができたように感じました。今後とも、スタッフとのかかわり方、スタッフの能力の伸ばし方など、研修で学んだことを生かしながらチームづくりに役立てていきたいと思います。」

ここに紹介した例は、中堅スタッフの研修のかたちをとっていますが、ヒューマンプロセスへのアプローチによる組織開発は、経営者などのトップマネージャーに深く理解してほしいと考えます。営利の追求に極端に走り、スタッフをないがしろにしている企業が一部あり、ブラック企業という不名誉な呼び方すらされています。そうしたなか、対話型アプローチを用いてヒューマンプロセス

に働きかける組織開発に理解をしてほしいと考えます。そのようなコンサルタントも含めて、人的関係性のワークを体験しながら理解の拡大をはかることは大切です。

近江商人の間で言い伝えられてきた「三方良し」という行動理念があります。三方とは、「売り手」「買い手」「世間」のことで、そのバランスよい充実を唱えています。最初に売り手があるのは、まず従業員を大切にしなさいということと理解します。そのことからも、従業員(スタッフ)の人間関係を整えてチームワークづくりをすることは、一番のベースにあることと考えます。

主任研修プログラム (毎回10:00〜16:00　うち12:30〜13:30昼食・休憩)

回	時　間	内　　容
1	10:00〜 10:30〜 13:30〜	・研修のねらい、自己紹介と今の気持ち ・私たちの事業に期待されていること　・理念・行動規範について ・ホスピタリティについて気づく体験学習
2	10:00〜 13:30〜	・リーダーシップについて　―仕事の任せ方と進行管理― ・リーダーシップについて気づく体験学習
3	10:00〜 13:30〜	・『感動が幸せな職場をつくる』※を読んで ・コーチングとは　―スタッフの主体性を引き出し支援する―
4	10:00〜 13:30〜	・組織開発(チームづくり)について　―相互の関係性がよくなると組織は活性化する― ・チームワークについて気づく体験学習
5	10:00〜 13:30〜	・エゴグラムで自分を知る ・リーダーとしてスタッフを観察する　―観察ワークの体験―
6	10:00〜 13:30〜	・ブレーン・ストーミング及びKJ法とは ・ブレーン・ストーミングとKJ法を体験するワーク
7	10:00〜 13:30〜	・会議のレジュメ、事業計画書、復命書作成のコツ ・実のある会議を促進する　―ファシリテーション力を身につける―
8	10:00〜 13:30〜	・課題解決のPDCAサイクルとは ・PDCAサイクルに基づき、事業計画書の作成
9	10:00〜 13:30〜	・取り組んでいる計画の再チェック　―事業のコンテンツの再点検― ・取り組みにおけるチームを観る　―チームのプロセス再点検―
10	10:00〜 13:30〜	・取り組んでいることの進捗管理　―事業のコンテンツの再点検― ・取り組みにおけるチームを観る　―チームのプロセス再点検―
11	10:00〜 13:30〜	・取り組んでいることの評価と次への展開 ・取り組んでいる経過のプレゼンテーション
12	10:00〜 13:30〜	・取り組んだことの報告とふりかえり ・研修全体のふりかえり

※筒井健一郎著『感動が幸せな職場をつくる』(あさ出版、2014)は、「たんぽぽ介護センター」でのご利用者に寄り添うとともにスタッフが輝く職場づくりに取り組んできたことを紹介した書)

ワーク編

- I　アイスブレーキング
- II　自分と向き合うワーク
- III　他者を理解するワーク
- IV　共感を高めるワーク
- V　一方向・双方向のコミュニケーション体験のワーク
- VI　肯定的な聴き方を学ぶワーク
- VII　ホスピタリティ・マインドを育むワーク
- VIII　自分の伝えたいことを上手に伝えるワーク
- IX　合意形成の大切さに気づくワーク
- X　リーダーシップを理解するワーク
- XI　チーム力を高めるワーク
- XII　クロージング

ワーク編

アイスブレーキング

　アイスブレーキングとは、直訳すると「氷を壊す」という意味です。集まった人たちは心身が緊張しています。見知らぬ人同士ならなおさらのことです。その緊張した気持ちをほぐし、楽しくて安心できる場であることを共有し合うのがアイスブレーキングです。

　そのためには、ファシリテーターは、明るく、さわやかにコミュニケーションをとり、参加者の気持ちを受けとめる態度が求められます。

　場の空気を和らげるために用いるゲームを「アイスブレーキング・ゲーム」といいます。体験学習の場は、素（ありのまま）の自分が出せることが望ましいため、学びの場が安全・安心できる場であるということを参加者で共有していかなければなりません。そのような観点からも、主催者として、皆さんと安心・安全な場にしていきましょうと理解を求めていく大事な時間でもあります。

　ですからアイスブレーキング・ゲームは、あとに続く体験学習の前哨戦のようなところもあるので、単にゲームを楽しむだけでなく、参加者がスキンシップをしたり、ゲームをしながら自己紹介や対話ができるものを選びました。また、気持ちを確認し合う要素が含まれたものも選びました。

　アイスブレーキング・ゲームをしたあと、和らいだ気持ちなどをふりかえったり、感想を聴いたりすると、さらに親和的になります。

1 チェックイン

「チェックイン」とは、もともとはホテルでの記帳や空港での搭乗手続きなどを意味する英語ですが、ここでは日常の時間から体験学習に入る手続きです。自分の今の気持ちをメンバーと確認し合う時間です。

ねらい
・お互いの今の気持ちの確認をとおして、参加者全体の雰囲気をつかむ。

形態
・全員で行う。

進め方
1. お互いの顔が見えるように座る。
2. ファシリテーターの進行のもと、ひとり1分程度で、名前や所属に続いて、今の気持ちや参加した動機などを話す。慣れない人がいるときは、ファシリテーターが最初に話して、イメージをつかめるようにするのもよい。
3. 順番に話すというより、話したい人から自発的に話していくように進める方が、強制感がないので、場が和みやすい。
4. ファシリテーターはこの様子を眺め、参加者それぞれの体調の把握をする。

※参加者が集合しはじめチェックインをはじめる前までは、今回の学びのイメージにつながるBGMを流しておくと、参加者の気持ちを和ますのに役立つ。

2 ボールキャッチ自己紹介

ねらい
- 名前を呼び、相互に確認し合ってボールをトスし、みんなで楽しむ気持ちを覚醒する。
- キャッチしたときに名前、今の自分の気持ち、学びへの期待などを簡単に話してもよい。

形態
- 全員で行う。

準備品
- ボール（ビーチボール程度の大きさがよい）

進め方
1. お互いの顔が見えるようにサークルを作る（立っていても座っていてもよい）。
2. 「〇〇さん」と呼びかけて、ボールをトスする。
3. ボールをキャッチした人は、自分の名前と今の自分の気持ちを紹介する。1分以内で話す。話し終えたら、「〇〇さん」と呼びかけて、その人にボールをトスする。
4. ボールをキャッチした人は、同じように行い、まだ自己紹介をしていない人に名前を呼びボールをトスする。
5. 途中でボールを取り除いて、ボールをトスするジェスチャーとキャッチするジェスチャーで行うのもよい。"阿吽の呼吸"でボールの受け渡しができ気持ちよい。その場合、ボールをキャッチしそこなうジェスチャーが入ると笑いを引き出し、場がさらに和む。
6. 全員が自己紹介し終えたところで、2〜3人に感想を聞く。

3 誕生月日順並び

ねらい
・無言で誕生月日順に並び、非言語コミュニケーション（身ぶり、手ぶりなど）を体感する。

形態
・全員で行う。

進め方
1. ファシリテーターは、無言で誕生月日順に並ぶように説明する。
2. 最初の誕生月日の人の立つ位置とどの方向に並ぶのかを伝える（並び順を確認する際、お互いの顔が見えるように、内側向きで円形に並ぶとよい）。
3. 並び終わったら、誕生月日が早い人から順に誕生月日を言ってもらうことで確認していく。
4. 確認の途中で、きょうが誕生日の人、何かの記念日などと合致した人がいたら讃えて、自己紹介をしてもらう。
5. 時には並びが誤っていることもある。
6. 確認し終えたところで、どのように月日を確認し合ったかを尋ねる。指でサインを出した、手のひらに数字を書いた、足で床を踏んで音を出して月日の数を示した、などの返答が得られる。そのことについて、感想を2～3人に聞く。

4 ●〇〇の人、席交替

ねらい
- 仲間が同じグループの席に着いている場合、ゲーム感覚で席をシャッフルして、新たな人と出会いをつくる。

形 態
- 全員で行う。

進め方
1. ファシリテーターは、たとえば「朝、ご飯とおみそ汁を食べてきた人、立ってください。そして今のグループではないところのグループに移動してください」と声をかける。
2. 席を替わって落ち着いたところで、ファシリテーターは、次の課題を言って、席替えをする。
3. 同じようにあと2回ほど繰り返す。単純なことですが、楽しく席替えができ、和やかな雰囲気が生まれる。
4. この後に、グループ内のメンバーで自己紹介をするとよい。

課題の例
- 男性
- 女性
- 初めて参加した人
- 偶数月生まれの人
- 眼鏡をかけている人　など

5 ● 目隠しでかたちづくり

ねらい
・全員で手をつないで、目を閉じて円などのかたちをつくり、協力する喜びを体験する。

形　態
・全員で行う。人数が多いときは半分ずつで行い、残りの半分は見学するのもよい。

進め方
1. 一重円になって、目を閉じて手をつなぐ。
2. ファシリテーターが、「手をつないだまま動いて四角形をつくってください。そして、できあがったと合意できたところでしゃがんでください」と説明する。
3. メンバーは目を閉じてはいるが声を出してもよい。声をかけあって、課題のかたちをつくる。
4. できあがったところでしゃがみ、目を開ける。
5. ファシリテーターや見学のメンバーができあがったかたちを確認する。
6. 三角や円のかたちにもチャレンジする。
7. 最後に、2～3人に感想を聞く。

6 どっち自己紹介・以心伝心握手

ねらい
- お互いの関心ごとや価値観を確認し合う。
- お互いのスキンシップをはかる。

形 態
- 2人一組で行う。

進め方
1. 立った姿勢で、2人一組になる。
2. お互いに握手をして名前を言う。
3. ファシリテーターは、「山・川」など対比する言葉を示す。参加者は、自分が好きな方を選び、その理由をお互いに1分程度で紹介し合う。
4. 2分経ったところで、ファシリテーターは、「お互いに、関心のあることが紹介できましたね。では、お別れにそれぞれ、1回握手、2回握手、3回握手を密かに決め、『せいのー』で握手をしてください」と説明する。見本を見せるとわかりやすい。
5. ファシリテーターは、「2人が合えば、『よかったね』で軽くハグとか握手をし、合わなければ『残念』とさみしそうなポーズをしてください」と、説明をする。
6. 相手を替えて同じ要領で繰り返す。ただし、ファシリテーターは、そのつど対比する言葉を替える。3〜4回行うのがよい。
7. ゲームを行った感想を2〜3人に聞く。

対比の言葉の例
- 夏／冬
- 月／太陽
- 山／川
- 日本食／日本食以外
- 未来／過去
- 男／女　など

7 ● 仲間探しゲーム

ねらい
- グループづくりに使えるゲーム。
- カードの1片を持ちより、それを合わせて1枚のカードを完成させて、グループをつくる。

形　態
- 全員で行う。

準備品
- カード（カード片の合計が人数分）

進め方
1. ＜カードの例＞のようにさまざまな絵を3片～4片に切り分ける。それらを集めて袋に入れたり、裏返して机の上に並べたりする。
2. 参加者は、＜カード＞片が入った袋から中を見ずにひとり1片ずつ取るか、ランダムに机に裏返しに並べた＜カード＞の片をひとり1片ずつ取る。
3. ＜カード＞を持って、＜カード＞の絵が合う仲間を探す。
4. カードの絵が完成した仲間（メンバー）と握手し、自己紹介をし合う。

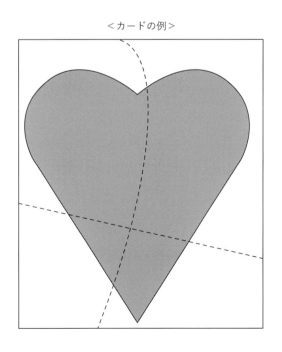

＜カードの例＞

8 数集まりゲーム

ねらい
- グループづくりに使えるゲーム。
- 聞いた数だけ人が集まるスリリングさを楽しむ。

形態
- 全員で行う。

進め方
1. 参加者は、ランダムに集まった状態でいる。
2. ファシリテーターの発した鳴き声や音の数だけ人数が集まるゲームであることを説明する。
3. ファシリテーターが、「家の猫がニャー、ニャー、ニャー、ニャーと鳴きました」と言ったら参加者は誘い合って、「ニャー」という鳴き声の数と同じ人数が集まる。
4. 4～5回繰り返して、数集まりゲームを楽しむ。
5. アイスブレーキングに続いて、グループでワークを行うのであれば、最後にそのグループを構成する人数が集まれるように数をコールするとよい。集まったそのメンバーと自己紹介をするとよい。
6. 「隣のポチがワン、ワン、ワンと鳴きました」、「柱時計が、ボーン、ボーン、ボーン、ボーン、ボーンと時刻を打ちました」などのようにお題を出すと盛り上がる。

9 同じ仲間集まりゲーム

ねらい
- グループづくりに使えるゲーム。
- 声を出すことにより活気があふれ、参加者のふれあいが促進される。

形態
- 全員で行う。

進め方
1. 参加者は、ランダムに集まった状態でいる。
2. ファシリテーターが、たとえば「同じ血液型同士の人集まって」と発すると、参加者はお互い声をかけあって、同じ血液型同士が集まる。そのあと、ファシリテーターの指示で同じグループのメンバーと自己紹介をする。
3. ファシリテーターは、次の課題を発表する。先ほどと同じように声をかけあって集まる。そのあとファシリテーターの指示でグループのメンバーと自己紹介をする。
4. 4回程度繰り返す。声を発するし、動きがあるので参加者が打ちとけ合う。

課題の例
- 血液型
- 誕生月
- 好きな季節
- 好きな音楽のジャンル
- 麺類を食べるとしたら何が食べたい
- 海外に行くとしたらどこ（エリア）

10 ● ペンシルでつながった2人

ねらい
・相手との心理的距離感を体験し、思いやる気持ちを養う。

形 態
・2人一組で行う。

準備品
・ペンシル（各自）

進め方
1．立った姿勢で、2人一組になる。
2．お互いに握手して相互に自己紹介をする。
3．お互いの人差し指を出し、その間にペンシルをはさむ。
4．ペンシルを落とさないように息を合わせて歩いてみる。次にかがんでみる。
5．2人でゲームを行った感想を確認し合う。
6．ゲームを行った感想を2～3人に聞く。

11 こんにちは！ こんな私です

ねらい
- お互いの関心ごとや価値観を確認し合う。
- お互いのスキンシップをはかる。

形　態
- 2人一組で行う。

準備品
- ワークシート（人数分をケント紙に印刷すると使いやすい）、筆記具（各自）

進め方
1. 各自、＜ワークシート＞と筆記具を持って、立った姿勢で2人一組になる。
2. お互いに握手をして名前を言う。
3. ＜ワークシート＞の項目で相手に聴きたいことを1分程度ずつ聴き合い、聴いた内容を簡潔にメモする。お互いに相手の＜ワークシート＞の名前欄にサインをし合って別れる。
4. 相手を替え、同じことを繰り返す。
5. ファシリテーターは10〜15分ほどで終りと告げる。すべての項目について聞くことができなくてもよい。
6. ゲームを行った感想を2〜3人に聞く。

ワークシート

こんにちは！　こんな私です

うかがったこと	相手の名前
持ちたい能力は？	
飼ってみたいペットは？	
くつろぐとき聴きたい曲（ジャンル）は？	
今だから話せる失敗談は？	
今の気持ちを繰り返し言葉（例：ハラハラ・ワクワク・ウルウル……）で表現すると？	

12 ● ウソ・ホント自己紹介

ねらい
- 自己紹介をとおしてお互いの（意外な）一面を知ることができる。

形　態
- 数人のグループで行う。

準備品
- Ａ４の白紙（人数分）、マーカーセット（グループ数分。裏写りしないものがよい）

進め方
1. 数人のグループで取り組むワークの前に行うとよい。
2. グループにマーカーセットとＡ４の白紙を配る。
3. 各自が、Ａ４用紙に自分のことを短文で４項目書く。たとえば、「私は長女である」など。そのとき、１項目だけウソのことを書く。
4. グループごとに、ひとり目から用紙に書いたことを紹介する。他のメンバーはそれを聴いて、ウソだと思った項目を指摘する。
5. 発表者は、正解を言う。当てることができたかどうか楽しむ。
6. 次の発表者に代わり同じように進めていき、グループ・メンバー全員が行う。
7. 一般的な自己紹介では触れられない意外な一面も紹介されることがあるので、お互いに人となりの理解が促進される。

※４項目の一番上のマスを自分の名前にすると、ゲーム終了後、４つ折にして自分の名札として活用することができる。

13 ● 以心伝心 De 腕上げ

ねらい
- 目を閉じてお互いの気持ちを察しながら腕を上げることで、一体感を味わう。

形 態
- 数人のグループで行う。

進め方

1. 数人グループで取り組むワークの前に行うとよい。
2. グループ・メンバー一人ひとりの片腕を1とする。たとえば、6人グループの場合は、各人の両腕で12となる。
3. グループ・メンバーは、円になるように座り、少しうつむいて、目を閉じる。
4. ファシリテーターが発した数字になるように、グループ・メンバーは、無言で、かつ目を閉じたままで、同時に腕を上げる。たとえば、ファシリテーターが、「7」と言えば、メンバーが同時に腕を上げ、腕が7本上がっていればよいとする。グループ編成で6人グループとした場合、ひとつでも5人グループがあった場合は、最大でも10までの数字を発する。
5. 数回繰り返す。3～4回目のころで、積極的に上げる人とそうでない人が何となく予測がつくので、それも判断材料としてグループで以心伝心を感じる。
6. 成功したときにグループの一体感を感じる。
7. 最後に、ゲームを体験した感想を2～3人に聞く。

14 つながりゲーム

ねらい
- 参加者全員で、自分が密かに決めた2人との距離を等距離に維持し合う関係をつくり出すことにより、お互いが連鎖し合う関係であることを体験する。

形態
- 全員で行う。

進め方
1. 参加者全員がランダムに集まった状態でいる。
2. 参加者全員それぞれが、ほかの人に悟られないように、参加者のうちの2人を心の中で決める。
3. ファシリテーターは、「自分が密かに決めた2人と等距離になるように移動してください」と説明する。指示に従って参加者は動く。
4. しばらくすると、誰もが動かなくなる。その時点で参加者は達成感を感じる。
5. ファシリテーターは、誰かひとりを移動させる。バランスが崩れ、また相互に動きだすことになる。
6. 再度等距離になるように参加者は移動する。
7. ゲームを体験した感想を2〜3人に聞く。お互いが連鎖していることを体感することはちょっとした感動である。

ワーク編

自分と向き合うワーク

　自分と向き合うとはどのようなことでしょうか。自分のよいところも悪いところも含めて、それが自分なのだと受け容れることだと思います。意外と自分を知っているようで知らないかもしれません。先に紹介したジョハリの窓の開放された自分を明らかにしていくことです。

　人間関係において、ありのままの自分を率直に受け容れる自分をつくると、背伸びすることもないし、自分をさげすむこともないので、ある意味楽な気持ちになります。ハンディがあったり逆境にいたりすると、それは受け容れがたいものです。日々の暮らしにおいて、不自由であったり不便であったりして、そこから逃れたいと思うからです。他者との比較のなかで生きているから他者の目が気になるからです。しかし、あるがままの自分を素直に受け容れ、ポジティブに生きている方にお会いすると、まぶし過ぎるほど立派に見えます。生きる力強さを感じます。そのようなことを考える第一歩が、自分と向き合うということでしょう。

　そのためにはどうしたらよいのでしょうか。自分は自分にしかないものを持っています。それとつきあっていくしかありません。それならば、今まで意識していた「自分」に固執しないことです。「私は、○○○だ」と決めつけていると、さまざまな側面がある自分に気づかなくなって発展がなくなります。あるがままの自分を受け容れることです。自己受容といいます。

　次に「自分が好きで大事で価値のある存在である」（自尊感情・自己肯定感）という感覚をもつ自分をつくることです。自分はかけがえのない存在であると思える感覚（自己肯定感）、自分を価値のある存在だと思える感覚（自尊感情）を育むには、ものごとをポジティブに考え、自分のよいところ探しをすることが大切です。自己肯定感や自尊感情が自分の中でできあがってくると、そんな自分にうれしくなり、ものごとに対して積極的に取り組むようになります。その姿が周りから評価され、さらにその自己肯定感や自尊感情が高まります。まさに正のスパイラルを駆け上がることになります。

　閉塞感漂う現代においてよいところ探しをして、それをみんなで認め合う姿勢は大切といえます。

　そこでまず、自分と向き合うワークを紹介します。ワークをとおして、「私は私なんだ」「自分って大事な人なんだ」「よいところも悪いところも含めてそれが自分のありのままの姿なんだ」と受け容れる自分をつくることが大切です。とはいえ、それは、素の自分と向き合うので、楽しくもあり苦しくもあります。グループ体験学習のワーク体験を積むことで、自分を受け容れようとする自分ができてきますので、ワークの継続が何よりの力になります。ご安心ください。

1 ● 私は私

ねらい
- 「私は、……」に続く言葉を書き出しながら、自分自身をさまざまな側面から見つめて、新たな自分に気づく。

形 態
- 実習はひとりで行い、ふりかえりとわかちあいは、4～5人のメンバーと行う。

所要時間
- 50分程度

準備品
- ワークシート（人数分）、ふりかえりシート（人数分）

進め方

1. ワークのねらいを話す。
2. ＜ワークシート＞を配布する。
3. 15分ほどで「私は_____です」に書く。項目が足りなくなったときは、用紙の裏、2枚目の用紙などに書く。
4. 4～5人のグループをつくり、書いたことを紹介し合う。このとき、紹介するのが嫌な人はその旨を伝えてもよい（本人の事情を大事にする）。
5. 書いているときどんなことを感じたか、紹介し合ってどんなことを感じたか、グループでわかちあう。
6. ＜ふりかえりシート＞を配る。
7. ＜ふりかえりシート＞の「1.」の質問に対して書く。
8. 4～5人のグループをつくり、グループで＜ふりかえりシート＞に書いたことをもとに、わかちあう。
9. ＜ふりかえりシート＞の「2.」の質問に対して書く。
10. 全体でワークから気づいたことをわかちあう。

ワークシート

私は私

私は、＿＿＿です。

私は、＿＿＿です。

私は、＿＿＿です。

私は、＿＿＿です。

私は、＿＿＿です。

私は、＿＿＿です。

私は、＿＿＿です。

私は、＿＿＿です。

私は、＿＿＿です。

私は、＿＿＿です。

私は、＿＿＿です。

私は、＿＿＿です。

私は、＿＿＿です。

私は、＿＿＿です。

私は、＿＿＿です。

私は、＿＿＿です。

私は、＿＿＿です。

私は、＿＿＿です。

ふりかえりシート

「私は私」ふりかえり

1．「私は、　　　　　　　　です。」を書いたことで、自分自身について気づいたことはどんなことですか。

2．4〜5人のメンバーと話し合いをしたなかで、新たに気づいたことはどんなことですか。

コラム

　スラスラと書ける人、そうでない人とさまざまでしょう。自分自身について多角的にとらえている人、そうでない人、自分自身を肯定的にとらえている人、そうでない人、自分を属性（男性、日本人、大学生……）で表現することが多い人、様相（やさしい、せっかち、大柄……）で表現することが多い人、好きなこと（ケーキが好き、旅行が好き……）嫌いなことを取り上げることが多い人などさまざま。その着眼点も含めて、その人らしさです。

　また、書き出したことをしっかりと見てみることで、自分らしさについて内省できます。そして、自分についての新たな発見があるかもしれません。そんな私を受け容れることが自己受容の第一歩となります。

　話し合うメンバーが初対面ではなく、職場の仕事仲間や学校の知人であれば、自分がその人に対して抱いていたイメージと、その人自身が書き出したことのズレがその人に対する新たな発見になります。「近づきにくい人だと思っていたが、こんなやさしいところがあったのだ」とか、「私と趣味が同じだわ」と新たな発見があります。いわゆる「ジョハリの窓」の、「私の知らないあなた」との出会いです。

　饒舌にしゃべる人もいれば寡黙な人もいます。そのどちらもＯＫです。どちらもが認められ尊重されるべきです。またファシリテーターとして書いたり、発表したことの量や内容を評価することは好ましくありません。ファシリテーターは、ふりかえり、わかちあいのときに、「肯定的に自分のことを書き出す気持ちでいると、すべてが自分の個性として認められるのではないでしょうか。いかがでしたか」と参加者に投げかけてみてはいかがでしょうか。

　そのことをとおして、自分はこんなよい面があるんだと、新たな自分発見と自己肯定感・自尊感情が高まってきます。そのこと自体に価値があります。

2 コラージュ

ねらい
- 文字や写真、イラストを切りとり、貼り付けて、コラージュを作成する作業をとおして自分と向き合う。

形態
- 実習はひとりで行う。

所要時間
- 60分程度

準備品
- 雑誌・カタログ・パンフレット・新聞など（多数）、はさみ（人数分）、スティックのり（人数分）、八つ切り画用紙（人数分）、ふりかえりシート（人数分）

進め方
1. ワークのねらいを話す。
2. 各人に、はさみ、スティックのり、画用紙を配布する。雑誌、カタログなどは、自由に取れるように机の上に置く。
3. ファシリテーターは、各人が雑誌やカタログを自由に手に取り、そこから写真やイラスト、文字などを切り取りながら、配布した画用紙に貼っていくことを説明する。特にテーマは定めないので、自分の気持ちに正直に作業していくこととする。
4. 作業時間は30分とする。
5. ＜ふりかえりシート＞を配り、記入してもらう。
6. 全体でワークから気づいたことをわかちあう。

ふりかえりシート

「コラージュ」ふりかえり

1．コラージュに取り組んでいるときに、どんな気持ちでしたか。

2．コラージュを行う前と行った後と比べて、何か感じたことはありますか。

3．自分自身について何か気づいたことはありますか。

コラム

　「コラージュ」とは、のりで貼り付けるという意味です。文字や写真、イラストを切り取って、それらを貼り付けて作品を作ることです。

　「コラージュ」はもともとアートの世界の技法のひとつですが、心理療法の手法として取り入れられてきました。作業をとおして自分と向き合うことができ、自分の心を癒す効果があります。

　ここでは、心理療法までは踏み込みませんが、自分と向き合う心癒されるひとときを体感するワークとします。「ワークをやってみて、すっきりとした自分がいます」「自分はどんなことに関心があるのだろうかと、自分に向き合う時間となりました」などの感想が聞かれました。

　「自分と向き合う」といっても漠然としていますが、コラージュを行うことで具体的になります。

　たまには、コラージュをしてみましょう。

3 私のうれしかったことを語ろう

ねらい
・自分のうれしかったことなどを語ることで、自分を肯定的に理解し、自己の再発見をする。

形　態
・2人一組で行う。

所要時間
・80分程度

準備品
・ワークシート（人数分）、ふりかえりシート（人数分）

進め方
1. ＜ワークシート＞を配り、ワークのねらいを話す。
2. 場所についてはここの場所でもよいし、移動してもよいことを話す。ワークの時間は40分として、40分後にはここに集合すること確認する。
3. 2人一組でワークを行う。
4. ＜ふりかえりシート＞を配り、記入してもらう。
5. 2人一組で＜振り返りシート＞に記入したことを発表しながらわかちあう。
6. 全体でワークから気づいたことをわかちあう。

ワークシート

私のうれしかったことを語ろう

ねらい

・自分がうれしかったことなどを語ることで、自分を肯定的に理解し、自己の再発見をする。

ワーク

1．まず、2人一組をつくりましょう。

2．では、自分の人生をふりかえって、うれしかったこと、生き生きしたこと、感謝されたこと、役に立ったことなどで、どんなことがあったか思い出してください。どんなささいなことでもけっこうです。複数思い出した場合は、そのなかでも一番印象に残っていることをひとつ決めてください。

　　思い出して、その光景が目に浮かぶようにそのときの様子を心のなかでまとめるとよいでしょう。その時間を10分とします。

3．次に、一方が話し手となり、そのうれしかったことを15分ほど語ってください。

4．聴き手は、語り手のうれしかったことの核心を引き出すように質問しながら聴いてください。また、不明なことがあれば質問をしてもよいです。

5．話し手と聞き手が交替して、同じように15分ほど語ってください。

6．語り合う場所については、ここでもかまいませんが、他の場所に移動してもよいです。しかし、45分後にはこの場所に戻ってきてください。

ふりかえりシート

「私のうれしかったことを語ろう」ふりかえり

1．うれしかったことを語っているときの自分の気持ちはいかがでしたか。気づいたことを書いてください。どんなささいなことでもかまいません。

2．新たな自分について、何か発見したことはありましたか。それはどんなことですか。

3．このワークを体験して、そのほかに気づいたことはありますか。

コラム

　組織開発のところで簡単に紹介しましたように、AI（アプリシエイティブ・インクワイアリー）という手法があります。

　ポジティブな部分に光を当て、よりよいイメージを拡大して前進していこうとする手法であり、ポジティブ・アプローチともいいます。問いや探求（インクワイアリー）により、個人や組織の強みを発見し認め（アプリシエイティブ）、それらの価値の可能性を最大限に活かしていく自己をデザインしていく手法です。

　それは、活力源の発見（Discovery）→ 実現したい未来（Dream）→ 未来への架け橋となる行動（Design）→ 自主活動（Destiny）と展開するサイクルにより、ありたいとイメージした自己の姿に向かおうとする行動を導いていきます。

　その第一歩として、活力源の発見（Discovery）に位置づけられる「ハイポイント・インタビュー（私の最高の体験インタビュー）」にヒントを得て、うれしかったこと、生き生きしたことを語るワークを考えました。

　このことにより、自分のよい面（強み）の再発見ができ、ものごとをポジティブに考える習慣づけにもなると思います。

　リラックスした雰囲気でうれしかったことを語り、それを聴くので、とっても気持ちのいい時間となります。ただ、今まで失敗の連続で、自己肯定感が低い方にはこのワークがプレッシャーとなり、さらに自分をみじめな気持に追いやることになってはいけないので、「どんなささやかなことでもいいですよ」と語りかけ、プレッシャーにならないようにする配慮が必要です。

他者を理解するワーク

　人はそれぞれに発想や価値観は異なります。そのことについて気づき、人それぞれの発想や価値観を認め合うことにより、自分の視野を広げることができます。その場合、自己理解と同じようにありのままの他者を受け容れる「他者理解」が大切です。そのためには、グループ体験学習をしているとき、他者の意見や行動の背景（バックボーン）を受け容れようとする姿勢が大切です。背景を理解するということは、対象者の置かれている立場や環境をまず受け容れようとすることです。

　そのようなかかわりをとおして、今まで自分が知らなかったその人の一面を発見し、その人への新たな理解が広がっていきます。そのことにより、あなたと私の価値観の違いが鮮明になります。それは、自分にはないものをもっている他者に魅かれることにもなります。

　個としてのお互いを認め合う人間関係の形成が大切です。さらには、自尊感情と同じように、相手を価値のある人だと認める感覚（他尊感情）を育てていくことが大切です。

　介護保険のサービス事業のひとつに、訪問介護があります。そのスタッフから聞いた話です。

　訪問介護では、介護保険利用者が自宅で衣服を着替えたり入浴などするときの介護をしたり、調理や洗濯などをする際の生活援助をするのがそのサービスです。介護保険利用者のもてる能力で自立しながら日常生活をするためのサービスですから、サービス提供者は必要以上の手は出しません。

　ある日、訪問介護のスタッフがサービス提供で自宅を訪問したら、台所がきれいに片付いていたので、そのことを認めてほめたそうです。そして、次に訪問したときにも台所はきれいだったそうです。

　訪問介護のスタッフに、相手を受け容れ、認めていこうとする姿勢があったので、相手の行いのよいところが目について、すかさずほめたのでしょう。そのことにより、介護保険利用者の日常生活の自立支援が促進しました。

　他者を理解するワークの積み重ねで、他者との人間関係が円滑になります。あわせて、他者とのつながりのなかで生きている自分を実感します。そのようなことを感じるワークを次に紹介します。

Ⅲ 他者を理解するワーク

1. つながりをつくろう

ねらい
・無言でひとつのルールに従って並ぶ行動をとおして、メンバー同士のかかわりについて気づく。

形　態
・メンバー全体で行う。

所要時間
・50分程度

準備品
・丸型のカラーシール（人数分）、ふりかえりシート（人数分）

進め方
1. ワークのねらいを話す。
2. メンバーは、内側向きに一重円に並んで目を閉じる。
3. ファシリテーターは、あらかじめ準備した丸型のカラーシールをメンバーの額に貼る。その場合、同じ色が続かないようにする。なお、カラーシールは同数よりは若干のばらつきがある方が、課題が困難になりワークが活発になる。
4. ファシリテーターは、別紙（模造紙またはホワイトボード）に指示内容を書いて表示し、メンバーに「目を開けてください。別紙に指示したように無言で並んでください」と説明する。
5. メンバーは、別紙の指示に従って、無言で指示された条件に合うように並ぶ。
6. 正しくつながって並んだか確認をする。
7. ＜ふりかえりシート＞を配り、記入してもらう。
8. 4～5人のグループをつくり、グループで＜ふりかえりシート＞に書いたことをもとに、わかちあう。
9. 全体で、ワークから気づいたことをわかちあう。

別　紙

「指示内容」

緑は、青か赤につながることができる。

赤は、緑か黄色につながることができる。

黄色は、赤か白につながることができる。

白は、黄色か青につながることができる。

青は、白か緑につながることができる。

コラム

　自分の額に貼られているカラーシールの色はわからないが、他のメンバーのシールの色はわかるという状況のなかで、無言で自分の額に貼られたシールを確認しながら進めていくワークです。自分の額に貼られたシールの色を知りません。それを他者とのかかわりにより読み解きます。つまり他者のかかわりにより自分が孤立せずにすむのです。

　このように進行したこともありました。無言で状況を伝え合いながら、同じ色の人同士集まるようにしたのです。その次に、別紙に書かれた指示を見ながら、順次並びはじめました。

　会話ができないことでメンバーがさまざまな表現を発してくれるため、メンバーの日ごろ気づかない人となりを知ることができます。

　また、課題を達成するためには、自然とメンバー同士の協力が生まれ、グループとしての信頼関係も築くことができます。

　このワークでは、非言語コミュニケーションの可能性を体感し、そのなかでの心の通じ合いを学んでいきます。

Ⅲ 他者を理解するワーク

ふりかえりシート

「つながりをつくろう」ふりかえり

1．自分がメンバーに相手のシールの色を伝えるなどのかかわりをしたとき、どんなことを感じましたか。

2．メンバーがあなたのシールの色を伝えるなどのかかわりをしてきたとき、どのようなことを感じましたか。

3．このワークを行う前と行った後では、メンバーとの関係はどう変わりましたか。

2. 私の言葉

ねらい
- 吹き出しにせりふを書く作業をとおして、お互いの思いを受けとめ、多様な発想や思いがあることを理解する。

形　態
- ワークはひとりで行い、発表、ふりかえり、わかちあいは、4〜5人で行う。

所要時間
- 80分程度

準備品
- ワークシート（カラーがよい。人数分）、ふりかえりシート（人数分）

進め方
1. ワークのねらいについて話す。
2. ＜ワークシート＞を配る。
3. 写真の人物に成り替わり、写真を見て言葉を吹き出しの中に書く。その時間を10分とする。写真は2〜3点ほどがよい。また、吹き出しの言葉を考えるとき、「まじめに考えてね」「原作をイメージしてね」などの注文はいっさい付けない。
4. 終了後、4〜5人のグループをつくる。
5. グループで順番に、吹き出しに書いた言葉とその理由を発表する。
6. ＜ふりかえりシート＞を配る。
7. 発表を聴いて感じたことを＜ふりかえりシート＞に書く。
8. ＜ふりかえりシート＞に書いたことを発表しながら、グループでわかちあう。＜ふりかえりシート＞の質問「2.」については、メンバーのひとりについて、他のメンバーが順に気づいたことを述べるかたちで進めていくとよい。
9. 全体で、ワークから気づいたことをわかちあう。

Ⅲ 他者を理解するワーク

ワークシート1

ワークシート2

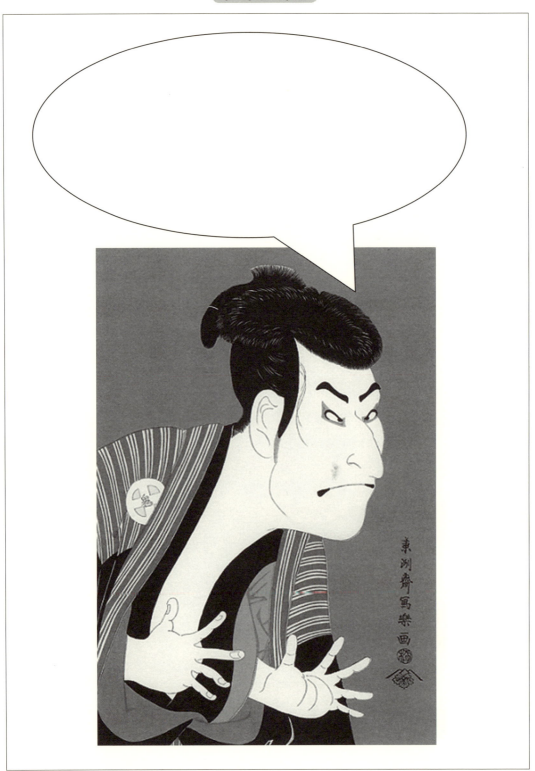

Ⅲ 他者を理解するワーク

ワークシート３

ワークシート4

Ⅲ 他者を理解するワーク

ふりかえりシート

「私の言葉」ふりかえり

1．メンバーのそれぞれの発表を聴いて感じたこと、印象に残ったことはどんなことですか。

メンバー名	感じたこと、印象に残ったこと

2．そのほかに気づいたことは、どのようなことですか。

コラム

　吹き出しに書く言葉について、パロディ風に書く人、ギャグっぽく書く人、今の心の内面を映し出す人とさまざまで、想定する状況もさまざまです。それをわかちあうことで、それぞれの人の着眼点やものの考え方など、メンバーの今まであまり知らなかった人となりを発見することができます。それが他者理解の広がりとなります。

　ふりかえりとわかちあいのときに、絵を見て感じたり考えた自分の内面を自己開示したことに対して、グループ・メンバーからフィードバックがあります。他者の言葉を介して他者に映った自分について感じたことが返ってくるので、「私へのフィードバックにより、自分自身について新たな気づきを得ることができました」「私がしゃべった言葉だけでなく、気持ちなども感じとってくれていてうれしかった」などと深い学びを得ることができます。

3. イメージを絵で表現しよう

ねらい
- 言葉からイメージすることを絵で表現し、それをわかちあいながら多様な感じ方や表現方法に気づく。

形態
- ワークはひとりで行う。
- 発表、ふりかえり、わかちあいは、4～5人で行う。

所要時間
- 80分程度

準備品
- 画用紙（人数分）、クレヨンまたはクレパス（人数分）、ふりかえりシート（人数分）

進め方
1. ワークのねらいについて話す。
2. 課題の言葉「〇〇」について、イメージすることを発表し合う。
3. 画用紙、クレヨンまたはクレパスを配る。
4. ファシリテーターは、課題の言葉「〇〇」からイメージすることを、クレヨンなどを使って絵で表現することを伝える。
5. 具体的な絵であるか、抽象的な絵であるかは問わない。また、表現の上手さを競うものではないということをファシリテーターは、きちんと伝える。
6. 時間は15分とする。
7. 4～5人のグループをつくる。
8. グループで描いた絵について簡潔な説明を加えて紹介し合う。15分ほどとする。
9. ＜ふりかえりシート＞を配り、記入してもらう。
10. グループで＜ふりかえりシート＞に書いたことをもとに、わかちあう。＜ふりかえりシート＞の質問「2」については、メンバーのひとりについて、他のメンバーが順に気づいたことを述べるかたちで進めていくとよい。
11. 全体でワークから気づいたことをわかちあう。

「〇〇」の部分の言葉
- 友だち ・家族 ・平和 ・あそび ・助け合い ・支え合い ・人権 など

ふりかえりシート

「イメージを絵で表現しよう」ふりかえり

1．課題を絵でイメージすることをとおして、どのようなことを感じましたか。

2．グループ・メンバーの絵の紹介を観たり、紹介を聴いたりして、メンバーについて感じたことや印象に残ったことはどんなことですか。

メンバー名	メンバーについて感じたこと・印象に残ったこと

3．そのほかに気づいたことは、どんなことですか。

コラム

　言葉からイメージすることを絵に表わし、それをグループ・メンバーとわかちあうことで、言葉の意味することを深く考えることができます。同時に、それぞれのメンバーの考え方や今の気持ち、表現方法を知ることができ、その人の理解につながっていきます。

　表現されるものは"十人十色"であり、できあがった絵を見るのも楽しみです。

　たとえば中学生に対して、「友だち」、「助けあい」などのことばでこのワークを行うと、いじめを考える学び（人権教育）にすることができます。

　感受性が豊かな人だと、「家族」を扱ったときに、たとえば両親との生き別れ、愛情が薄かった幼いとき、亡くされたお子さんのことなどを思い出すことがあるかもしれません。苦しい思いを吐き出すように描き、語るかもしれません。

　一方で、「今は静かにしておいて」となるかもしれません。その場合、ファシリテーターやグループ・メンバーがそのことを受けとめ、強要することなく寄り添うことが大切です。そのことだけでも学びがあります。なぜなら、"今ここ"で起こっていることから学ぶのが体験学習ですから……。そのことにより、グループ・メンバー間の人間関係も深まります。

　「支援」について、このワークを行いました。「同じ言葉でもイメージの世界はさまざまであることを確認し合い、考えたことをわかちあうなかで、色々な気づきがありました。１時間も経たないのにメンバーとこんな深い話ができたのにちょっぴり驚き」との感想が聞かれとこともありました。

4 何を大切とするか

ねらい
- 大切にしていることに順位をつける作業をとおして、自分や他者の大切にすることの多様性について気づく。

形態
- 数人のグループで行う。

所要時間
- 90分程度

準備品
- ワークシート①、②（人数分）、ふりかえりシート（人数分）

進め方
1. 数人のグループをつくり、＜ワークシート①＞と＜ワークシート②＞を配る。
2. ワークのねらいとルールの説明をする。
3. 自分の順位を決め、＜ワークシート①＞にその理由を書く。時間は10分とする。
4. ＜ワークシート②＞のグループの一覧表を作成する。時間は5分とする。
5. グループでお互いに、なぜその順位にしたかを紹介し合う。時間は30分とる。
6. グループで決めた順位を発表する。
7. ＜ふりかえりシート＞を配り、記入してもらう。
8. ＜ふりかえりシート＞に書いたことを発表しながら、グループでのわかちあいをする。
9. 全体で、ワークから気づいたことをわかちあう。

ワークシート①

何を大切とするか

ねらい
・大切にしていることに順位をつける作業をとおして、自分や他者の大切にすることの多様性について気づく。

ワーク
1. 下記に7つの言葉が並んでいます。いずれも、私たちにとって大切なことですが、ここでは、あなたが一番大切と思うものから1、2…7と順位をつけてください。もちろん正解はありません。その理由を書いてください。時間は10分とします。
2. 次に、＜ワークシート②＞のメンバーの順位の欄に、自分も含めてメンバーの名前を書いて、それぞれのメンバーが、自分がつけた順位を発表し、メンバー全員の一覧表を作ります。
3. グループで各自が順に、順位とその理由を紹介し合ってください。
4. メンバーの順位の理由で、不明な点があれば質問してください。そしてメンバーとして合意できる順位を決定してください。
5. 話し合いの時間は30分とします。

項　目	順　位	理　由
愛　情		
名　誉		
自己実現		
お　金		
平　和		
楽しみ		
健　康		

ワークシート②

「何を大切とするか」グループの一覧表

項 目	メンバーの順位						グループの順位
愛 情							
名 誉							
自己実現							
お 金							
平 和							
楽しみ							
健 康							

合意の心得

- 全員が納得するまで十分に話し合ってください。そのためには、自分の考えを主張することが大切ですが、それだけでなく、他のメンバーの考えに耳を傾けることもより一層大切です。
- 自分の考えに固執して論争にならないことです。
- 多数決はしないでください。少数派になると意見が言いにくいものですが、勇気を出して話してください。少数意見は話し合いの邪魔になるのでなく、互いの考えの幅を広げてくれるもので、むしろ歓迎されるべきです。
- 話の中身だけでなく、話している人の気持ちやグループのなかで起こっていることにも目を向けてください。
- 決定をひとつにするためには、誰かが妥協しなければなりませんが、安易に妥協しないでください。十分納得して譲ることが大切です。

ふりかえりシート

「何を大切とするか」ふりかえり

1．あなたは、どのくらい自分の気持ちが言えましたか。

　　　　　　　　　　　　　　　　　不十分　　　　　　　　十分
　　　　　　　　　　　　　　　　　1 ── 2 ── 3 ── 4 ── 5 ── 6

　その理由は？

2．グループは、どのくらい聴き合えていたと思いますか。

　　　　　　　　　　　　　　　　　不十分　　　　　　　　十分
　　　　　　　　　　　　　　　　　1 ── 2 ── 3 ── 4 ── 5 ── 6

　その理由は？

3．話し合いの過程で、特に印象に残っていることはどんなことですか。

4．このワークで気づいたことで、日常のなかで活かせることはありますか。

コラム

　このワークには正解はありません。このワークは、メンバーの価値観をお互いに理解することに役立ちます。

　「生い立ちをうかがいながら順位の説明を聞いたので、その人のバックボーンがわかり、価値観が理解できた」「今まで一面的にしかあの人のこと知らなかったが、このような価値観や生き方を大切にする人だったのね」というようなふりかえりの声を聞きます。

　新たな自分の一面をメンバーが受け止めてくれることで、自分自身も心豊かな気持ちになります。

　ある介護福祉施設のスタッフを対象にこのワークをしたときのことです。ワークのあとで、施設長から「このワークをやったお陰で、スタッフ同士がお互いをもっと知りあうことに役立ち、職場の人間関係が少しよくなったように思います。そして何よりも、私自身がスタッフのもう一つの面を知ることができたことはすごくよかったです」と、うれしい言葉をいただいたことがあります。

　職場での仕事のときはお互いの役割や立場で動いています。その範囲内での会話になりがちですが、このワークにより、それぞれの一面や価値観に廻りあうことで、「仕事のときには知ることのなかったこんなよいところもあるんだな」と理解が深まり、それが職場のチームワークにプラスになったということです。

ワーク編

共感を高めるワーク

　先にC.ロジャーズの「共感的理解」について触れました。共感的理解とは相手の言っていることに評価を加えることなく耳を傾け、話の内容や感情のみならず相手の背景（バックボーン）までも含めて理解しようとすることです。そのような姿勢で相手に接することで、相手の気持ちのなかには私を大切にしてくれているという気持ちが広がり、よい関係性が広がります。よりよい人間関係づくりの種まきをするには、共感的理解ができる自分の心のありようを磨いていくことは大切です。

　相手の背景を理解しようとする姿勢は、まさにグループ体験学習のプロセスに注視する姿勢です。現実の人間関係のなかでは、ついついイライラしたり、先を焦ったりして、上記のような共感的理解はいつも保てないかもしれません。しかし、意識しようとする自分をつくることが大切です。

　米国の環境問題に詳しい生物学者のレイチェル・カーソンといえば、農薬に用いられる化学物質の危険性を取り上げた『沈黙の春』の著者として有名です。その彼女が、『センス・オブ・ワンダー』（新潮社、1996）という著書の中で、「もしも私が、すべての子どもの成長を見守る善良な妖精に話しかける力をもっているとしたら、世界中の子どもに、将来消えることのない『センス・オブ・ワンダー：神秘さや不思議さに目を見張る感性』を授けてほしいと頼むでしょう」と述べています。

　センス・オブ・ワンダーとは、自然に対して共感する感性です。同じように、人とのかかわりにおいて、それぞれの人の思いや行いに寄り添い「すばらしいね」「なるほど」と共感するセンス・オブ・ワンダーが必要と思います。

　しかし、子どもは成長するとともに、さまざまな体験から身につけてきた経験知により、「所詮そんなもんだ」と決めつけがちになり、ピュアな共感する感性（センス・オブ・ワンダー）が鈍っていくようです。人間関係において、他者と共感的にかかわることで、他者理解、他者受容、他尊感情が育まれ、豊かな人間関係づくりへと発展します。それが今大切なことです。

　私には、時おり訪ねていく場所があります。愛知県豊田市の山あいにある「西村自然農園」です。野草を摘んで、そこで料理をして食する農園です。自然食に関心のある人には親しまれています。そこに行くと、農園の奥様である西村文子さんが元気な声で迎えてくれます。文子さんは自分のしゃべりたいこともそれなりにしゃべるのですが、「うん、うん」とか「そうですね」とにこやかな顔でうなづき、共感しながら受け容れるようにしゃべられるので、とても気持ちが癒されます。自然食を食べる愉しみとあわせて、文子さんの共感的な接し方に癒されるのを愉しみで訪問する方も多いのではないでしょうか。

1. ことだま（言霊）

ねらい
・心に響く文章を読み、その言葉に込められたことだま（言霊）から感じたことを、メンバーと共感し合う。

形 態
・ワークはひとりで行う。
・発表、ふりかえり、わかちあいは、4〜5人のメンバーと行う。

所要時間
・80分程度

準備品
・ワークシート（人数分）、ふりかえりシート（人数分）

進め方
1. ワークのねらいについて話す。
2. ＜ワークシート＞を配る。
3. ワークの時間は、15分とする。
4. 終了後、4〜5人のグループをつくる。
5. グループで感じたことを話し合う。15分ほどとする。
6. ＜ふりかえりシート＞を配り、記入してもらう。
7. グループで、＜ふりかえりシート＞に書いたことをもとに、わかちあう。
8. 全体でワークから気づいたことをわかちあう。

ワークシート

ことだま（言霊）

ねらい
- 言葉に込められたことだま（言霊）から感じたことを、メンバーと共感し合うなかで、共感の気持ちを育む。

ワーク
- 次の文章は、渡辺和子氏の著書『置かれた場所で咲きなさい』の一部を引用させていただいたものす。言葉に込められた思いを味わいながら、自分の人生や人生観に思いを寄せて、感じたことをメモしてください。時間は 15 分間です。

「時間の使い方は、そのまま、いのちの使い方なのですよ。置かれたところで咲いてください。」

```
┌─────────────────────────────────┐
│                                 │
│                                 │
│                                 │
└─────────────────────────────────┘
```

「いのちは大切だ。いのちを大切に。そんなこと、何回言われるより、"あなたが大切だ"誰かにそう言ってもらえるだけで生きてゆける。」

```
┌─────────────────────────────────┐
│                                 │
│                                 │
│                                 │
└─────────────────────────────────┘
```

「私たちには偉大なことはできません。しかし、小さなことに、大きな愛を込めることはできるのです。」

```
┌─────────────────────────────────┐
│                                 │
│                                 │
│                                 │
└─────────────────────────────────┘
```

ふりかえりシート

「ことだま(言霊)」ふりかえり

1．ことだま(言霊)を味わっているとき、どんなことを感じたり、考えたりしましたか。

2．ことだま(言霊)から感じたことをグループで紹介し、わかちあったとき、どんなことを感じたり、考えたりしましたか。

3．そのほかに感じたり、考えたりしたことは、どんなことですか。

コラム

　『置かれた場所で咲きなさい』(幻冬舎、2012)に書かれている内容は、著者の渡辺和子氏の魂が語られ、心に響いてきます。その文中の言葉を味わいながら、自分の思いや人生観に思いを寄せていく「ことだま(言霊)」というワークにしました。

　ワークの導入時に、著者のプロフィールなどを紹介し、ファシリテーターを務める人自身がこの本の中で気にいった箇所を朗読して、ワークを行おうとするメンバーのモチベーションを高めていくとよいでしょう。

　ファシリテーターは、参加者のふりかえりやわかちあいを観察し、心に響いた内容や語った言葉を拾うように心がけます。感動的なワークショップになります。

　なお、このワークは、国語的に文章を理解するというよりは、読んだ文章をきっかけに思い起こした自分の人生観やさまざまなできごとに思いを寄せながら、話し合うように進めていきます。

　「置かれた場所で咲きなさい」の意味をどのようにとらえればよいのでしょうか。私は、自分に与えられた環境や遭遇した環境を受け容れ、そのうえでさまざまなできごとを肯定的にとらえていくと、新たな自分が発揮できるようになり、新たなかかわりが広がり、周りからその生き方が気にとめられるようになるというように解釈します。

　人生は順風満帆なことばかりではありません。不本意なことがあっても嘆いていても始まりません。不本意と思うのではなく、新たな発見のチャンスととらえ、置かれた環境から一筋の光を見つけましょう。

　そして、自分はこうでなければならないというこだわりに縛られないでオープンな気持ちでいると、新たな出会いに遭遇し、今まで気づかなかった自分の一面に気づきます。そのことを言っているのだと解釈します。ワークのふりかえりのときに私としてのそのようなコメントをつけます。

② こんな絵、描けちゃった

ねらい
- ファシリテーターが告げた情報をもとに、メンバーが順に絵を描いて、そのプロセスで気づいたことから共感の気持ちを育む。

形 態
- 6～7人のグループで行う。

所要時間
- 60分程度

準備品
- ふりかえりシート（人数分）、模造紙（グループ数分）、マーカーセット（グループ数分。下写りしないものがよい）

進め方
1. ワークのねらいについて話す。
2. 6～7人のグループをつくり、そこに模造紙とマーカーを配る。
3. ファシリテーターは＜ワークシート＞の「情報」を伝える。
4. グループ・メンバーは、ファシリテーターの指示に従って課題を行う。6人のグループは、誰かが2回目の指示に従って課題を行う。
5. グループ・メンバーで相談し作品に題名を付ける。5分ほどとする。
6. 全体でそれぞれのグループの作品を発表する。
7. ＜ふりかえりシート＞を配り、記入してもらう。
8. グループで＜ふりかえりシート＞に書いたことを発表しながら、わかちあう。
9. 全体でワークから気づいたことをわかちあう。

ワークシート

こんな絵、描けちゃった

「情 報」

1．まず、1番目の人は、好きな色のマーカーを選んで、グループの模造紙に、直線を1本描いてください。長さ、位置、角度は自由です。

（1番目の人が描き終わったことを確認してから）
2．2番目の人は、好きな色のマーカーを選んで、円をひとつ描いてください。大きさや位置は自由です。

（2番目の人が描き終わったことを確認してから）
3．3番目の人は、好きな色のマーカーを選んで、三角形をひとつ描いてください。大きさや位置は自由です。

（3番目の人が描き終わったことを確認してから）
4．4番目の人は、好きな色のマーカーを選んで、波線を1本描いてください。長さは、はじめに書いた直線より短い波線にしてください。位置は自由です。

（4番目の人が描き終わったことを確認してから）
5．5番目の人は、好きな色のマーカーを選んで、ハート形をひとつ描いてください。大きさや位置は自由です。

（5番目の人が描き終わったことを確認してから）
6．6番目の人は、好きな色のマーカーを選んで、三角形をひとつ描いてください。大きさや位置は自由です。

（6番目の人が描き終わったことを確認してから）
7．7番目の人は、好きな色のマーカーを選んで、曲線を1本描いてください。長さや位置は自由です。

以上で終わりです。皆さんの描いた絵をいろいろな角度から見て、グループで相談して題名を考えてください。時間は5分とします。

ふりかえりシート

「こんな絵、描けちゃった」ふりかえり

1．あなたは、制作中はどの程度満足することができましたか。

　　　　　　　　　　　　　　　不十分　　　　　　　十分
　　　　　　　　　　　　　　　1 ─ 2 ─ 3 ─ 4 ─ 5 ─ 6

　どのような点で？

2．あなたは、題名を考えるとき、メンバーの気持ちや意見をどれほど受けとめることができましたか。

　　　　　　　　　　　　　　　不十分　　　　　　　十分
　　　　　　　　　　　　　　　1 ─ 2 ─ 3 ─ 4 ─ 5 ─ 6

　どのような点で？

3．そのほかにメンバーについて新たな気づきをしたことがありますか。それはどんなことでしたか。

コラム

　まず、同じ指示を受けても書き手により、ずいぶんと表現方法が変わることを体験してください。それぞれのイメージの膨らませ方は"十人十色"です。そのどれもが正しいのです。ですから人間ってステキなんです。

　でき上った絵を上下逆さまにするなど、さまざまな角度から見ると、色々なイメージが膨らみます。そして、グループ・メンバーでどのような題名にしようかと相談するとき、思わぬ題名が提案されたりして楽しいものです。そこのところが共同作業となり、メンバーの一体感が生まれます。その過程で、同じ絵に対してもさまざまな見方や理由づけすることに気づいていき、他者理解、他者受容、他尊感情となります。

　ある学校の先生方の研修会でこのワークを行ったとき、「ふりかえりで、ワークへのかかわり具合を6段階でふりかえりますが、自分がたとえば『5』や『6』のところにチェックしていても『1』や『2』のところにチェックしている人がいるかもしれません。自分は夢中になっていたが、一方ではワークには入れないでいた人がいたということに気づくことも必要ですね」と言ったところ、「担任の先生は、そんな状況をよく観察して、『1』や『2』のところにチェックした人に助言をすればいいのですか」と質問を受けました。私は、「体験学習は、人を評価するために行うのではありません。十分かかわれなかったのにはそれなりの理由があったかもしれません。そのことを受けとめることに気づくことが大切と思います。また、かかわり方が積極的でない人が、このワークをしてそんな自分の特性に気づき、自分として思うところがあって、そんな自分への働きかけをしようとするのであれば、それはそれでよいのではないでしょうか」と結びました。

3 築城大作戦

ねらい
- メンバーと協力しながら紙皿と紙コップで築城する作業をとおして、共感の気持ちを育む。

形態
- 数名のグループで行う。

所要時間
- 50分程度

準備品
- ワークシート（人数分）、ふりかえりシート（人数分）、紙コップ（12個×グループ数）、紙皿（12枚×グループ数）、サイコロ（5個×グループ数）

進め方

1. 5～6人のグループをつくる。
2. ＜ワークシート＞を配り、ねらいとルール説明をする。
3. グループに紙コップ12個、紙皿12枚、サイコロ5個を配布する。
4. 作業時間を10分とする。崩れたら何回でも築城にチャレンジできる。その場合、崩れる前の階数を覚えておく。
5. 作業終了後、各グループの階数を確認する。
6. ＜ふりかえりシート＞を配り、記入してもらう。
7. グループでふりかえりシートに書いたことをもとにわかちあう。＜ふりかえりシート＞の質問「2．」については、メンバーのひとりについて、他のメンバーが順に気づいたことを述べるかたちで進めていくとよい。
8. 全体でワークから気づいたことをわかちあう。

Ⅳ 共感を高めるワーク

ワークシート

築城大作戦

ねらい
・メンバーと協力しながら紙皿と紙コップで築城する作業をするなかで共感の気持ちを育む。

進め方
1．今からお城を建てます。1グループに紙皿12枚、紙コップ12個、サイコロ5個があります。これが築城の資材です。
2．合図とともに、グループのメンバーが順番に、伏せた紙コップの上に伏せた紙皿を置き、その上に伏せた紙コップを置き、その上に伏せた紙皿を置きと交互に積み上げて築城してください。
3．3番目、5番目、7番目、9番目、11番目の伏せた紙皿の上にそれぞれ1個ずつ宝物（サイコロ）を置いてください。その次に伏せた紙コップ、伏せた紙皿と置いてさらに築城してください。
4．崩れたらそのときの階数を覚えておき、制限時間中は築城してください。
5．一作業ずつ順にメンバーが交代していくのが原則ですが、もしメンバーに手が震える人などいましたら、グループで協力して、お互いできる作業をしてください。
6．制限時間は、10分とします。

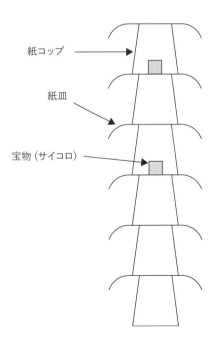

103

ふりかえりシート

「築城大作戦」ふりかえり

1．あなたは、このワークに積極的にかかわることができましたか。

　　　　　　　　　　　　　できなかった　　　　　　　できた
　　　　　　　　　　　　　1 ── 2 ── 3 ── 4 ── 5 ── 6

　その理由は？

2．あなたやメンバーはどのような言動をし、どのような影響がありましたか。

メンバー名	どのような言動で、どのような影響があったか
自分	

3．このワークで気づいたことで、日常のなかで活かせることはありますか。

Ⅳ 共感を高めるワーク

コラム

　このワークは、（公財）日本レクリエーション協会の公認指導者が全国から集まり、交流と研さんを積む「全国レクリエーション大会」のあるセッションで体験したものにヒントを得てつくったものです。

　ワークをしていると、自然に、もう少し右とか左とか声をかけあうようになります。また、崩れて転がった宝物（サイコロ）を拾ってくれるメンバーもいたり、手が震える人のサポートをするメンバーも出てきます。

　会議机の上で作業をしていると、10階以上になると今にも崩れそうで、しかも、椅子に上らないと作業がしにくくなってきます。そこのところで助け合いが生まれます。そうした"今ここ"のプロセスから協力に関連することに気づけばよいでしょう。

　なお、紙コップを透明のプラスティックコップで行ったときもあり、宝物（サイコロ）がよく見える効果があります。

　楽しくて協力できるワークです。全体ふりかえりのときに、「先ほど初めて出会った人とも真剣に取り組むことができ、その方の人となりがジワリと伝わってきて、ホンネで話し合いができました」と生き生きとお話をされた人のことが思い出されます。

4 グループの合計が 10

ねらい
- メンバーと協力しながら作業をするなかで、助け合いの気持ちを育む。

形態
- 5人のグループで行う。ただし、最低4グループができる人数とする。

所要時間
- 50分程度

準備品
- ワークシート（人数分）、ふりかえりシート（人数分）、マーカー（人数分。下写りしないものがよい）、大きめの名札（首からかけるか胸にとめられるようにする。人数分）

進め方
1. 5名のグループをつくる。
2. ワークのねらいと進め方を説明して、メンバーに名札、マーカーとワークシートを配布する。
3. 各グループは、相談して、グループ・メンバーの数字を足した合計が「10」になるようにメンバー一人ひとりの数字を決める。なお、「0」は避けるが、同じ数字があってもよい。その数字を各人、名札にマーカーで大きく書く。
4. ファシリテーターの合図で、グループを解散して、他のグループ・メンバーと合計が「10」になるように組む。ただし、4グループの場合は、2人までは同じグループ・メンバーがいてもよい。
5. メンバーは、いったん合計「10」ができあがったグループがあっても、それを崩しながら、少しでも多くのグループが合計「10」ができるように工夫をする。
6. ファシリテーターは、合計「10」になったグループがなかなかできないときは、ルールの難易度を下げて、今のグループに最初のグループ・メンバーが2人までいてもよいとする。なお、4グループの場合は、3人まで同じグループ・メンバーがいてもよいとする。
7. すべてのグループが合計「10」になった時点で終了とする。もし、完成しなかった場合でも、可能性が見出せなくなった時点で終了とする。
8. ＜ふりかえりシート＞を配り記入してもらう。
9. グループで＜ふりかえりシート＞に書いたことをもとに、わかちあう。
10. 全体でワークから気づいたことをわかちあう。

ふりかえりシート

「グループの合計が 10」ふりかえり

1. ワークをしているとき、どのようなことを感じましたか。
   ・いったん課題を完成したグループを崩すとき

   ・課題を完成するグループ・メンバーになれなかったとき

   ・メンバーの入れ替わりなどの提案をしたとき

   ・そのほかの場合

2. このワークで気づいたことで、日常のなかで活かせることはありますか。

コラム

　いったんできたグループを崩しながら、少しでも多くのグループが完成するように協力するところにこのワークの醍醐味があります。

　各グループの構成状況を見ながら、声をかけ合ったり交渉をしたりしていくなかで、リーダーシップを発揮したり、相手を気遣いながら声かけをして、少しでも完成度を高めていきます。その過程で、完成するチームに加われない悲哀を体験することもあります。こうしたプロセスをとおして助け合いを学びます。

　このワークを行ったとき、数字を計算して自らグループづくりにかかわることが苦手な人がいました。そのことも周囲の人たちは受け容れながらグループづくりをしていました。温かい空気を感じました。当事者の方も、自分を受け容れてもらっているという気持ちでとってもうれしそうでした。大事なことを学んだと思います。

　5人で合計が「10」にする場合は、6通りの組み合わせがあります。4人で合計が「10」にする場合は7通りの組み合わせがあります。また、チーム数が、4チームの場合と8チームの場合とでも状況は変わります。そのようなダイナミズムのなかで、ワークを楽しむことになります。

一方向・双方向のコミュニケーション体験のワーク

ワーク編

　コミュニケーションは、相互にキャッチボールをするように思いを交換し確かめ合うことで成り立ちます。しかし、一方向のコミュニケーションだと、確かめる行為がないので、同じ情報であっても、受け取る人によりずいぶん受け取り方に違いが生じます。

　情報化の現代で、頻繁に利用するのが電子メールです。電子メールも発信者から文字情報だけが一方向に発信されます。そのために、発信者は、この件について受信者はどのような思いをもっているのだろうかと不安が頭をかすめることがあるかと思います。

　また、受信者は、発信者にそんな気持ちがなくても、明確に書いた文面だと、心にグサッとくるときがあります。そのあたりを和らげるために顔文字とかスタンプを使うのでしょうか。

　私の場合は、市民活動やサークル活動などでの電子メールのやり取りが多いのですが、発信者の労をねぎらいたいという気持ちで、お礼のメールを返すようにしたり、和らげた文章に配慮したりしています。

　コミュニケーションは情報のキャッチボールです。ならば、お互いになるべく受け取りやすいボールを投げたり返したりするのがよいでしょう。そのほうが、信頼関係が増幅します。また、投げたボールをスルー（無視）することのないように心がけることも大切です。

　仕事でこんなことがありました。部下にあまりくどくど言ってもうっとうしがられると思い、軽く「この仕事をやっておいてほしい。お願いネ」と伝えました。ある意味では一方的な伝達でした。私としては、ここ2～3日でやってほしいと思っていました。しかし、そのときがきても報告がありません。「先日の仕事どこまで進んだの」と聞いたら、「4～5日ぐらいの猶予があると思っていたので、まだ途中です」との回答でした。私も部下も、自分の想定したことが正しいと一方的に思い込んでいて、コミュニケーション不足で、確認があいまいだったのです。

　さて、ここではまず、一方向のコミュニケーションによる不確実さを体験します。次に双方向にコミュニケーションを確かめ合う行為が入ると、意思の疎通がずいぶんはかれることを体験します。それでも、人には思い込みがあったり、微妙なニュアンスが確認できなくて話し手の思っていることが100％聴き手に伝わらないことがあります。

　そのことについて、体験学習により腑に落としましょう。

1. 花 火

ねらい
・一方向のコミュニケーションの過程で起こるさまざまなことについて気づく。

形態
・個人で行う。

所要時間
・30分程度

準備品
・Ａ４の白紙（人数分）、筆記用具（各自）

進め方
1. ワークのねらいとルールについて説明する。
2. Ａ４の白紙を配る。
3. ファシリテーターは、＜ワークシート＞の「情報」を口頭で伝える。
4. メンバーは、Ａ４の白紙に、聞いた情報に従って図を描く。
5. 描いたものを周囲のメンバー４人くらいで相互に見せ合いながら描かれかたの違いを確認する。そのメンバーとどのようなことを感じたかふりかえりをする。
6. 気づいたことを２～３人に発表してもらう。
7. 一方向のコミュニケーションについて解説する。

ワークシート

花 火

「情 報」

Ａ４の白紙を縦に使います。

1．まず、白紙の右上に大きな打ち上げ花火を描いてください。

（全員が描き終わるまで待って）
2．打ち上げ花火の左側に星が３つ輝いています。描いてください。

（全員が描き終わるまで待って）
3．その下の方には原っぱを描いてください。

（全員が描き終わるまで待って）
4．その原っぱの左の方にベンチをひとつ描いてください。

（全員が描き終わるまで待って）
5．そのベンチの近くに樹が一本茂っています。描いてください。

（全員が描き終わるまで待って）
6．その樹の右側に２人の人を描いてください。

（全員が描き終わるまで待つ）

※一つひとつの分節は、一度だけでなく、繰り返し伝えるとよいでしょう。
　全体の進み具合をよく見て、その分節を全員描き終わったようであれば、
　「次にいっていいですか？」と断ってから次に進むとよいでしょう。

コラム

　一方向の情報伝達は受け手によりばらつきが出ることを理解するワークですので、学びの場の早いタイミングで行うのがよいでしょう。

　描かれた絵を相互に見比べると、「こんなにも絵が違うの」と興味深いものです。聞いた言葉は同じでもイメージの膨らませ方は"十人十色"です。つまり、同じ情報を受け取っても人それぞれイメージすることが異なります。そのことをとおして、自己概念の違いが確認できます。

　一方向のコミュニケーションは、伝える側と受ける側とにずいぶんギャップが生じることが理解できればワークのねらいを達成したといえます。

　さらには、一方向のコミュニケーションですので確認のために聞き返すことのできないもどかしさにも気づきます。この学びにより、コミュニケーションにおいて、相互に確認し合うことの大切さにつなげていくことができます。

　私は、このワークは、学びの早い時期に行うとともに比較的簡易にできるワークのため、＜ふりかえりシート＞を使わずに行っています。ワークの状況により、＜ふりかえりシート＞をどのように使うかは、ファシリテーターの裁量になります。

Ⅴ 一方向・双方向のコミュニケーション体験のワーク

2 ●○△□

ねらい
- 情報を伝えるなかで、一方向のコミュニケーションと双方向のコミュニケーションを体験して、コミュニケーションのあり方に気づく。

形　態
- 個人で行う。

所要時間
- 70分程度

準備品
- Ａ４の用紙（人数分）、ふりかえりシート（人数分）、筆記用具（各自）

進め方
1. ワークのねらいについて話す。
2. ワーク参加者からひとりを選んで、＜ワークシート＞の「図形１」を参加者に口頭のみで伝達することを依頼する。説明の手順を考える時間を若干与える。
3. その間に、参加者にＡ４の用紙を配る。
4. 伝達者は、口頭のみで＜ワークシート＞の「図形１」を描く指示をする（身振り手振りはしない）。メンバーは、話された情報を手がかりに図を描いていく。
5. ファシリテーターは伝達に要した時間を記録しておく。
6. 伝達者に＜ワークシート＞の「図形２」を渡し、口頭のみで伝達することを依頼する。
7. ＜ワークシート＞の「図形２」については、参加者は質疑応答ができることを伝える。
8. 伝達者は、口頭で＜ワークシート＞の「図形２」を描く指示をする。質疑応答を受ける（手振り身振りはしない）。メンバーは、話された情報と質問から得た情報を手がかりに図を描いていく。
9. ファシリテーターは伝達に要した時間を記録しておく。
10. 正解を発表する。
11. ＜ふりかえりシート＞を配り、記入してもらう。
12. ４〜５人のグループをつくり、グループで＜ふりかえりシート＞に書いたことをもとに、わかちあいをする。
13. 全体でワークから気づいたことをわかちあう。伝達者の感想も聞くようにする。

ワークシート

「図形1」

ワークシート

「図形2」

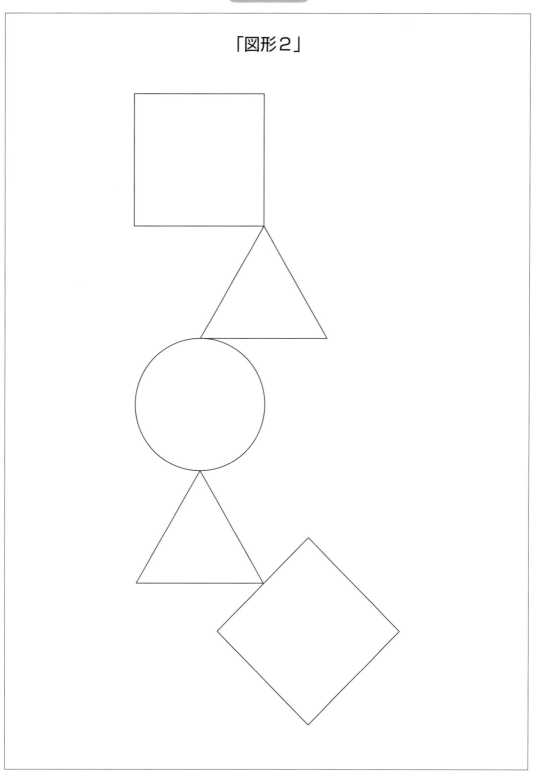

ふりかえりシート

「〇△□」ふりかえり

1．2つの伝え方を体験して、どのようなことを感じましたか。

2．このワークで気づいたことで、日常のなかで活かせることはありますか。

コラム

　このワークは、伝達する人がどのように話せば、情報を正確にわかりやすく伝えられるかに悩みます。そのときの気づきを拾い上げ、労をねぎらうことが必要でしょう。

　参加者は、一方向のコミュニケーションと双方向のコミュニケーションとで、情報の確信度の違いを体験します。その体験をとおして、きちんとコミュニケーションをすることで、伝える側と受け取る側とのギャップをなるべく小さくできることに気づくことが大切です。

　私は、以前、友だちと電話をしていて、「うん、そうなんだよね」、「そうそう、そうなんだよ」と意気投合して話していたんですが、次の日に会って、再度その話をしていたら、イメージしていたことが少し違っていたにもかかわらず、意気投合し話していたという不思議な経験があります。

　今回のワークは、言葉だけで情報を伝えるワークですので、私の経験に似たものがあります。伝えるときに、手でジェスチャーのように図形を描いて（非言語コミュニケーション）話せば、さらに正確に伝わるかもしれません。それができない状況で、言葉だけで情報を正確に伝えるトレーニングにもなります。

3 なぞのマラソンランナー

ねらい
・情報をわかりやすく伝え合い、順番を確認する作業をとおして、意思の疎通をはかる大切さについて気づく。

形　態
・6〜7人のグループで行う。

所要時間
・80分程度

準備品
・ワークシート（人数分）、ふりかえりシート（人数分）、カードの入った袋（グループ数分）

進め方
1. 6〜7人のグループをつくる。
2. ＜ワークシート＞を配り、ワークのねらいとルールを説明して各グループにカードの入った袋を配る。
3. ワークの時間は、25分とする。
4. 正解を発表する。
5. ＜ふりかえりシート＞を配り、記入してもらう。
6. グループで＜ふりかえりシート＞に書いたことをもとにわかちあう。＜ふりかえりシート＞の質問「2.」については、メンバーのひとりについて、他のメンバーが順に気づいたことを述べるかたちで進めていくとよい。
7. 全体でワークから気づいたことをわかちあう。

> ワークシート

なぞのマラソンランナー

ねらい

- 情報をわかりやすく伝え合い、順番を確認する作業をとおして、意思の疎通を図る大切さについて気づく。

ワーク

1. 情報は、口頭で伝え合ってください。

2. 自分の＜情報カード＞は、他のメンバーに見せたり、渡したりしないでください。また、他のメンバーの＜情報カード＞を見たりしないでください。

3. ＜情報カード＞には、マラソンをしている人の絵が描いてあります。

4. マラソンをしている人のなかで、先頭から数えて4番目に走っている人のゼッケン番号を見つけ出してください。それがワークの課題です。

5. 答えがわかったグループは、皆で「バンザイ！」と言ってください。

6. 話し合う時間は25分間です。

情報カード

[なぞのマラソンランナー]
・グループの人数によって、カードの枚数を調整してつかってください。
・1グループ7人までで可能です。
・6人の場合は、最後のカード、ゼッケン3番を除きます。

＊イラストは、日本学校ＧＷＴ研究会著『協力すれば何かが変わる─続・学校グループワーク・トレーニング─』（遊戯社、1994）より。

ふりかえりシート

「なぞのマラソンランナー」ふりかえり

1．あなたは、自分の伝えたいことを伝えることができましたか。

　　　　　　　　　　　　　　できなかった　　　　　　　　できた
　　　　　　　　　　　　　　1 ── 2 ── 3 ── 4 ── 5 ── 6

　その理由は？

2．あなたは、他のメンバーの伝えたいことを聴くことができましたか。

　　　　　　　　　　　　　　できなかった　　　　　　　　できた
　　　　　　　　　　　　　　1 ── 2 ── 3 ── 4 ── 5 ── 6

　その理由は？

3．グループのメンバー（あなたも含めて）の言動で誰のどのような言動が、どのような影響を与えましたか。

メンバー	どのような言動が、どのような影響を
自分	

※当ワークは坂野公信（監修）日本学校GWT研究会（著）『協力すれば何かが変わる －続・学校グループワーク・トレーニング－』（遊戯社．1994）および 津村俊充（著）『プロセス・エデュケーション －学びを支援するファシリテーションの理論と実際』（金子書房．2012）の「なぞのマラソンランナー」を参考にしました。

コラム

　タイミングよく情報を伝えることや、情報を整理して順序立てビジュアル化する能力のトレーニングになります。そのことをとおして、情報の正確な発信や受けとめ方について学ぶことができます。そして、相互に情報が正確に共有できたときの喜びが、よりよい人間関係の形成につながっていくことを体感します。

　このワークを「職場のコミュニケーション」という研修で行いました。ふりかえりのところで、他者の言動で気づいたことを記入するようにしていますが、コンテントを引きずりやすいので、プロセスに注目することを再確認のうえ、「○○さんの△△△したことが悪かったなど、よい悪いの評価が入らないようにしてください」と付け加えて進行しました。

　「いつも顔を合わす職場のスタッフですが、新たな一面に気づいた」「コミュニケーションは、わかちあって共有できてこそ、伝わったことになるのですね」「詳細まで確認しないと誤って判断することがあるのですね」などのふりかえりが聞かれました。

ワーク編

肯定的な聴き方を学ぶワーク

「きく」には3つの「きく」があります。ひとつが、「訊く（ask）」です。上から目線で自分の訊きたいことのみを訊きとるときの「きく」です。次に「聞く（hear）」です。淡々と自分に必要なことを聞くときの「きく」です。3つ目が聴く（listen）です。これは、主体が相手です。相手に寄り添い受け容れるように聴くときの「きく」です。いわゆる傾聴です。

ところで、他者とコミュニケーションをはかるときの態度や対話には、肯定的（ポジティブ）な場合と否定的（ネガティブ）な場合があり、次のような特徴があります。

・肯定的言動：賞賛、受容、感謝、信頼、思いやり、励まし、尊敬
・否定的言動：非難、無視、敵意、不信、攻撃、軽蔑、差別

マーティン・セリグマンらが創設したポジティブ心理学によると、ポジティブな態度や感情をもっている人の方が、心身が健康になり、人間関係がよくなり、創造性が高まるという研究成果が報告されています。他者に対して称賛、受容、感謝の態度でかかわると、他者も気持ちよくなってきて、「この人とは信頼関係が築けるんだ」と、よい人間関係が成立してきます。ポジティブ態度を伝染させましょう。

反対に、否定的態度や対話でいると、自分自身、落ち込み、不満が出てきそうになります。他者に対して、非難や無視など否定的にかかわると、他者は心を貝のように閉ざしてしまい場合によっては、「私は必要でない人なんだ」と落ち込んでしまい、果てには病んでしまいます。私たちは自分が気づかないで、時として、他者に対して否定的な態度をとっているときはないでしょうか。

あってはいけないことですが、学校でいじめがもとでの自殺の事例があります。いじめは否定的態度です。非難や攻撃、無視をして、被害者を「私は存在する意味がないのでは」と悩みの淵に追い込みます。いかにそれが相手の気持ちを傷つける言動であるかを、グループ体験学習をとおして気づいていくことが大切と痛感します。早急に道徳や人権教育の中に体験学習を用いた学びを広げていただきたいと願います。

諏訪中央病院名誉院長鎌田實氏と「夜回り先生」こと水谷修氏の往復書簡と対談で綴られた著書『だいじょうぶ』（日本評論社、2009）の中に書かれている鎌田氏の口癖は「だいじょうぶ」です。地域医療の最前線で、患者さんに「だいじょうぶ、だいじょうぶ」と声をかけながら寄り添い、最期を看取っています。そして、水谷氏の口癖は「いいんだよ」です。「いいんだよ、いいんだよ」といつも苦しい立場の子どもや若者に寄り添い、彼らの叫びを聴き続けています。

そういえば、赤塚不二夫氏のマンガ『天才バカボン』の口癖が「これでいいのだ」でした。いずれも肯定的な声かけです。そのことにより、相手はとても心穏やかになっています。心が癒されます。言葉の薬です。

1. 聴き上手

ねらい
- 聴き手が熱心に聴いてくれたときと、その反対の聴き方のときとで、しゃべり手がどのような気持ちになるのかを気づく。

形　態
- 2人一組で行う。

所要時間
- 60分程度

準備品
- ふりかえりシート（人数分）

進め方
1. ワークのねらいを説明する。
2. 2人一組をつくる。
3. 2人で相談して、最初に話す人とその話を聴く人を決める。
4. ファシリテーターは、「聴き手は、聴きたくないという表情で聴いてください」と説明する。
5. ファシリテーターは、話す内容を紹介する。話は5分とする。
7. 話す人と聴く人が交代する。
8. ファシリテーターは、話す内容を紹介する（先ほどの内容とは変える）。話は5分とする。
9. ファシリテーターは、「今度は、聴き手は聴きたいという表情で聴いてください」と説明する。
10. ファシリテーターは、話す内容を紹介する（先ほどの内容とは変える）。話は5分とする。
11. 話す人と聴く人が交代する。
12. ファシリテーターは、話す内容を紹介する（先ほどの内容とは変える）。話は5分とする。
13. ＜ふりかえりシート＞を配り、記入してもらう。
14. 2人一組のペアで＜ふりかえりシート＞に書いたことをもとにわかちあう。
15. 全体でワークから気づいたことをわかちあう。

話す内容の例
- 私の故郷　・私の家族　・行ってみたいところ　・私の趣味　・将来の夢　など

ふりかえりシート

「聴き上手」ふりかえり

1. 相手の聴き方が否定的だったとき、どのように感じましたか。

2. 相手の聴き方が肯定的だったとき、どのように感じましたか。

3. 相手の話を肯定的に聴くために、どのようなことをしましたか。

4. このワークで気づいたことで、日常のなかで活かせることはありますか。

コラム

　このワークをしたのち、聴きたい気持ちで聴くときのしぐさをふりかえると、「相手の目を見る」「共感的なうなずきをする」「ほほえましい顔をする」などの声が聞かれました。これは傾聴のときの姿勢です。また、「相手が話を聴きたくない表情のときは、話が続かなかったけれど、話を聴いてくれたときは、あっという間に時間が過ぎました」「自分がしゃべったことに対して好意をもって受け容れてもらえるとうれしくなって、もっとしゃべりたくなりました」などの声が聞かれました。

　ワークの参加者に、「お子さんが学校から帰ってきたときにお母さんが忙しかったときどうしていましたか」とうかがってみると、「子どもに背を向けたままで、キッチンで夕食の調理をしていて、子どもが学校のことを話してきても背を向けて『ふん、ふん』と返事をしていただけで、十分に子どもの話を聴いてあげることができていなかった。そのとき、子どもはさびしかったでしょうね」という声が聞かれました。「ママ、忙しいからあとで」とつき放したら最悪ですね。子どもは「私は大事にされてない。愛されてもらっていない」と感じ、心が親から離れていきます。

　また、デイサービスのスタッフからは、「利用者の方がいろいろと話してきても、忙しかったのでそっけなく返事をしていたら、利用者の方の顔が悲しそうでした。悪いことをしたような気になりました」との声が返ってきました。この気づきが大切です。

2 傾聴を深めよう

ねらい
- ロールプレイにより、傾聴的な聴き方の姿勢やスキル（繰り返しおよび要約）を養う。

形 態
- 2人一組で行う。

所要時間
- 60分程度

準備品
- ふりかえりシート（各人数分）

進め方
1. ワークのねらいを説明する。
2. 2人一組をつくる。2人で相談して、最初に話す人とその話を聴く人を決める。
3. 繰り返しの体験をする。ファシリテーターは「聴き手は、話し手の言ったことを繰り返して言ってください。たとえば『今日は暑いです』と話し手が言えば、聴き手は『今日は暑い日ですね』『今日は暑いと感じているのですね』というぐあいに繰り返してください」と説明する。
4. 5分経ったら話す人と聴く人が交代する。
5. 次に要約の体験をする。ファシリテーターは、「聴き手は、話し手の言ったことを要約して確認してください。つまり、話し手がしゃべったことを『あなたの言いたかったことは、要するに○○○ということですね』と内容を要約する言葉がけをしてください」と説明する。
6. 5分経ったら、話す人と聴く人が交代する。
7. ＜ふりかえりシート＞を配り、記入してもらう。
8. 2人一組のペアで＜ふりかえりシート＞に書いたことをもとにわかちあう。
9. 全体でワークから気づいたことをわかちあう。

話すことの例
- 最近のできごと
- 最近気になっていること
- 私の趣味
- 私の健康管理　など

ふりかえりシート

「傾聴を深めよう」ふりかえり

1．相手が繰り返してくれたとき、どのように感じましたか。

2．相手が要約してくれたとき、どのように感じましたか。

3．話の内容を繰り返したり、要約するために気にかけていたことはどんなことですか。

4．このワークで気づいたことで、日常のなかで活かせることはありますか。

Ⅵ 肯定的な聴き方を学ぶワーク

コラム

　「傾聴」の「聴」は、「十四の心を持って耳を傾けて聞く」ことでしょう。ですから、相手の目を見たり、相づちを打ったりのしぐさが伴うものです。さらには、よく聴いていることを相手に伝えるためには、相手のしゃべったことを繰り返したり、要約することです。すると、相手は、私の言うことをしっかり聴いてくれていると思い、うれしい気持ちになってきます。

　「傾聴」というと、カウンセリング技法のように思われがちですが、決してそれだけではありません。親子関係、職場での関係などすべてに必要なことです。

　実際、私は職場で、「鯖戸さんはしっかり話を聴いてくれるのでうれしい。ついつい何でも率直に話したくなります」と言われたことがあります。職場での良好な関係づくりのためにも必要なことです。特に管理職には気にとめておいてほしいと思います。

　私がしばしば使うフレーズがあります。「今、○○○と思っているあなたがいるのですね」です。要約のフレーズです。それを自分自身に当てはめて、「今、○○○と思っている私がいます」と自分自身の気持ちを率直に明らかにすることもあります。気持ちを確認するときに使いやすいフレーズです。

　ある山奥のお寺に高名な和尚様がおられました。村人は悩みごとがあると、山を登って、和尚様に相談に行きます。和尚様は、「はい、そうですか」「そう思われたのですね」と相づちを打つばかりで、妙案を授けてくれません。それでも村人は、「和尚様、解決できました。明日から元気に生活を送れます」とにこやかになって山を下りて行ったのです。そんな話を以前に聞いたことがありました。傾聴することにより相談者が自ら解決策を見つけ出したというお話です。

3 旅行の計画

ねらい
- 旅行の計画について話し合いをするワークをとおして、肯定的な対応をすること、否定的な対応をすることで相手がどのように感じるかについて気づく。

形態
- 6～7人グループで行う。

所要時間
- 80分程度

準備品
- 役割カードの入った袋（グループ数分）、ワークシート（人数分）、模造紙（グループ数分）、マーカー（グループ数分）、ふりかえりシート（人数分）

進め方
1. 7人グループをつくる（6人でもよい。その場合は、4番目の役割を抜く）。
2. 各グループに模造紙、マーカー、役割カードの入った袋と＜ワークシート＞を配る。
3. ファシリテーターは、ワークのねらいとルールを説明した後、＜役割カード＞を1枚ずつ取るように説明する。
4. 各グループで、それぞれのメンバーが＜役割カード＞に書かれた役割やコミュニケーションのとり方を意識しながら、ワーク（旅行の計画）を行う。模造紙に計画の内容を書きとめる。話し合いの時間は30分とする。
5. 話し合いの時間が終わったら、＜役割カード＞に書かれた役割を解除する。
6. 各グループは、どのような旅行計画を立てたか、各グループは1分程度で全員に紹介する。
7. ＜ふりかえりシート＞を配り、記入してもらう。
8. グループで＜ふりかえりシート＞に書いたことをもとにわかちあう。＜ふりかえりシート＞の質問「1.」については、メンバーのひとりについて、他のメンバーが順に気づいたことを述べるかたちで進めていくとよい。
9. 全体でワークから気づいたことをわかちあう。

ワークシート

旅行の計画

ねらい

・「旅行の計画」について話し合いをするワークをとおして、肯定的な対応をすること、否定的な対応をすることで相手がどう感じるかについて気づく。

ワーク

・皆さんは、グループで話し合って旅行の計画を立てます。その時間を 30 分とします。せっかく楽しい旅行の計画を立てますので、後ほど旅行の計画を紹介し合いましょう。ただし、話し合うときにそれぞれのメンバーに担ってほしい役割を＜役割カード＞に書いて渡しますので、その役割を演じてください。なお、＜役割カード＞に書かれている自分の役割を漏らしてはいけません。
模造紙とマーカーは話し合いのときに自由に使ってください。

役割カード

1．あなたは、旅行の計画の話し合いをする場合、話が進みやすいように進行役を演じてください。
　自分の考えがあれば、提案していただいてもよいです。

2．あなたは、旅行の計画の話し合いをする場合、他のメンバーの提案に対して、称賛したり、好意的な対応をしてください。
　自分の考えも大いに提案してください。

3．あなたは、旅行の計画の話し合いをする場合、他のメンバーの提案に対して、肯定的にうなずいたり、好意を持ったまなざしを向けてください。
　自分の考えも大いに提案してください。

4．あなたは、旅行の計画の話し合いをする場合、他のメンバーの提案に対して、あまり自分の気持ちを出さないようにふるまってください。
　自分の考えは大いに提案してください。

5．あなたは、旅行の計画の話し合いをする場合、他のメンバーの提案に対して、あまり自分の気持ちを出さないようにふるまってください。
　自分の提案もあまり言わないようにしてください。

6．あなたは、旅行の計画の話し合いをする場合、他のメンバーの提案に対して、否定するような発言をしてください。
　自分の考えは大いに提案してください。

7．あなたは、旅行の計画の話し合いをする場合、他のメンバーの提案に対して、あきれたような態度を向けてください。
　自分の考えは大いに提案してください。

ふりかえりシート

「旅行の計画」ふりかえり

1．グループ・メンバーの対応についてどのように感じましたか。

メンバー名	感じたこと

2．あなたは、自分の役割を演じているとき、どのように感じましたか。

3．このワークで気づいたことで、日常のなかで活かせることはありますか。

コラム

　役割を演じながら、課題を進めていくワークです。「称賛してもらったり、好意をもってうなづいてもらったときに話しやすくなった」「受け容れてもらうとますますやる気が出てきた」などのふりかえりの声が聞かれます。こうした体験により、対人関係において、肯定的に接したり、相手の話をよく聴くことが、よい人間関係に必要なことを学びます。

　ワークにおいて、相手を否定する態度を演じる役割があります。そのことにより、否定的な態度をとった人も受けた人も不愉快な思いをしますが、私が懸念することは、ワークの終了時も不愉快な思いを後に引くかもしれないことです。それほど態度や言葉は影響力があるということです。

　よって、ファシリテーターは、ふりかえり、わかちあいのところで、相手の態度で気持ちが楽になったり、ストレスがたまったりすることを確認し、望ましい対人関係のあり方を考えるように進めてください。

　そのようなことから、ワークを終えたときに「このワークで皆さんは、与えられた役割を演じました。よって、その人の真の姿ではありません。ワークが終わったので、それぞれの演じた役割を解いて、あとに引かないようにしてください」と言葉をかけることを忘れないようにしてください。

ワーク編

ホスピタリティ・マインドを育むワーク

　ホスピタリティを学ぶにあたり、その語源を調べてみましょう。英語のホスピタリティのもとになったラテン語 "hospitalis" は、客（hospes）からきた形容詞で、「客のもてなしがよい」「客扱いがよい」という意味です。それが抽象名詞になったのがホスピタリティです。

　ホスピタリティを一言でいうと「心を込めてもてなす」という意味です。そして、ホスピタリティに関連する言葉に、ホテル（からだを休めるところ）、ホスピタル（からだを治すところ→病院）、ホスピス（がん患者などの終末期ケアを行う施設）などがあります。

　ホスピタリティについて、スキルの部分とマインドの部分に分けてみました。スキルの部分は、心のこもった対応であることが伝わる言葉遣いや身だしなみや表情です。見たり聞いたりできる部分です。マインドの部分は、行いやしぐさにともなって、相手を尊重し寄り添おうとする心の部分です。感じたり、気づいたりする部分で、その人の内面（姿勢）の部分です。ホスピタリティのスキルとマインドは、別々に存在するものではなく、両方が常にかかわりあっています。

　ここではおもに、ホスピタリティ・マインドに気づくワークを取り上げます。演技をしたような白々しくも感じる接遇は求めていません。相手の人格を尊重するマインドから生じる礼節のある言葉やしぐさが極上のホスピタリティと思っています。その意味でマインドを大切にしていきたいと考えます。

　このねらいのワークをしたあと、「相手が不安に感じていることや何に悩んでいるかを注意深く聴くようになった」「相手の伝えたいとする核心を理解しようとすれば、相手の本心が受け容れられ、相手へのアプローチの仕方が変わる」などの意見が聞かれました。マインドの部分に気持ちを寄せた感想だと思います。

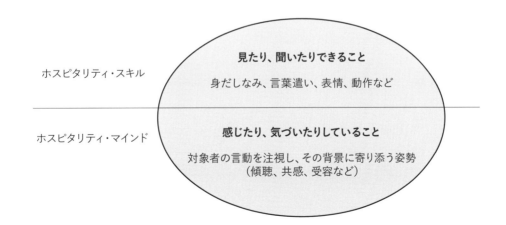

ホスピタリティの構造（鯖戸モデル）

1 福笑い

ねらい
- 相手が気持ちよく（安心して）作業ができるコミュニケーションのありようについて気づく。

形 態
- 2人一組で行う。

所要時間
- 60分程度

準備品
- アイマスク（人数分）、ワークシート（人数分）、ふりかえりシート（人数分）、福笑いセット（人数の半分の数）

進め方

1. ＜ワークシート＞を配り、ワークのねらいと進め方を説明する。
2. 2人一組をつくる。ひとりは目隠しをする。
3. 目隠しをしたあと、目隠しをしていない人は、福笑いのセットをそのまま渡す。
4. 目隠しをしていない人は、目隠しをしている人が福笑いを完成できるようにコミュニケーションをする。
5. 制限時間は5分とし、福笑いをいっせいに始めて、いっせいに終わる。
6. 終了後、他のペアの福笑いを見てもよい。
7. 福笑いセットは回収する。
8. 同じペアで、役割を交代して行う。渡す福笑いセットは先ほどと異なった福笑いセットを渡す。
9. ＜ふりかえりシート＞を配り、記入してもらう。
10. 2人一組のペアで＜ふりかえりシート＞に書いたことをもとにわかちあう。
11. 全体でワークから気づいたことをわかちあう。

ワークシート

福笑い

ねらい

・相手が気持ちよく（安心して）作業ができるコミュニケーションのありようについて気づく。

ワーク

1. 目隠しのあと、目隠しをしていない人は、福笑いのセットをそのまま渡してください。
2. 目隠しをしていない人は、目隠しをしている人が福笑いを完成できるようにコミュニケーションしてください。
3. 制限時間は、5分とします。
4. 完成したペアは、終了の合図があるまでそのまま待ってください。

　交替して行います。

＊この福笑いは、速さやできぐあいを競うものではありません。
＊福笑いで置くものは、眉毛（2）、目（2）、鼻、唇、耳（2）などです。
＊コミュニケーションとは、声かけ、タッチ（ただし、相手の手に添えて誘導してはいけない）、位置関係などです。

ふりかえりシート

「福笑い」ふりかえり

1．目隠しをしていたとき、相手のコミュニケーションに対して、どのように感じましたか。

2．目隠しをしている相手とのコミュニケーションで配慮したことは、どんなことでしたか。

3．このワークをとおして、どんなことに気づきましたか。

4．このワークで気づいたことで、日常のなかで活かせることはありますか。

コラム

　相手が目隠しをしていて見ることができないという状況に対して、思いやりのある接し方をすることでホスピタリティについて考えるワークです。

　ファシリテーターは、福笑いのできの上手下手（コンテント）に引っ張られないように注意してください。ふりかえり、わかちあいのときにプロセスについて思いが寄せにくくなるからです。

　「説明する人の気配りのある言葉かけがうれしかった」「最初に福笑いで目や鼻を並べる側をやったので、そのときに感じたことを、私が説明する側になったときに活かすことができた」「終わったときに説明してくれた人が、『お疲れさま』と言って、軽く肩にタッチしてくれたことがうれしかった」などの声が聞かれました。

　自分にとっては当然と思っていることでも、相手にとっては困難なことがあります。そのことに関して配慮できる気持ちこそホスピタリティの核心と考えます。

　市販の福笑いセットを準備してもよいですが、私の場合は私の手づくりもので行います。その方が話題も広がり、楽しさも倍増します。

2 ● 目隠しウォーク

ねらい
・目隠しをした相手のウォークをサポートすることをとおして、相手への心配りについて気づく。

形　態
・2人一組で行う。

所要時間
・60分程度

準備品
・アイマスク（人数分）、ふりかえりシート（人数分）

進め方

1. 2人一組をつくる。
2. 目隠しウォークのねらいと進め方を説明する。
3. ファシリテーターは、事故がないように安全に誘導することを確認する。
4. ひとりは目隠しをし、もうひとりが安全に誘導する。歩く場所は室内でも室外でもよい。ただし、車道は不可とする。
5. 時間は5分とし、合図ののち、誘導する人は目隠しをしている人を誘導し、5分後にもとの場所に誘導して戻ってくる。すべての組が戻ってきたことを確認する。
6. 目隠しする人と誘導する人と交代する。
7. 時間は5分とし、合図ののち、誘導する人は目隠しをしている人を誘導し、5分後にもとの場所に誘導して戻ってくる。すべての組が戻ってきたことを確認する。
8. ＜ふりかえりシート＞を配り、記入してもらう。
9. 2人一組のペアで＜ふりかえりシート＞に書いたことをもとにわかちあう。
10. 全体でワークから気づいたことをわかちあう。

ふりかえりシート

「目隠しウォーク」ふりかえり

1．相手を誘導するとき気遣ったことは、どのようなことですか。

2．相手に誘導されるときに感じたことは、どのようなことですか。

3．このワークをとおして、どんなことに気づきましたか。

4．このワークで気づいたことで、日常のなかで活かせることはありますか。

> **コラム**
>
> 　このワークはパートナーが目隠しをすることで、視覚がさえぎられます。そのことで、不安感が増します。その不安を最小限になるようにサポートするためにどうすればよいのでしょうか。特にこの場合は、ボディタッチや相手の歩くのに合わせた歩行がカギとなります。相手が安心できる言葉がけやふれあいを体験から学ぶことができます。
>
> 　「誘導する人が落ち着いて言葉をかけてくれたので、安心できました。仕事に活かしたいと思います」「目隠ししていると頭をぶつけるような不安がありましたが、『頭をぶつける心配はありませんよ』と言ってくれたことがうれしかった」「体を軽く支えてもらえただけで安心しました」などのふりかえりの声が聞かれました。

3 たかが声かけ、されど声かけ

ねらい
- グループで望ましい声かけとして合意を導く話し合いをするなかで、自分や他者がどのような働きかけ（声かけ）をしているかに気づく。
- 話し合いにおいて、メンバーに対して寄り添う気持ちで相手の話を聴き、自分の思いも伝える。

形態
- 数名のグループで行う。

所要時間
- 90分程度

準備品
- ワークシート（人数分）、ふりかえりシート（人数分）

進め方
1. 数名のグループをつくる。
2. ＜ワークシート＞を配り、ワークのねらいとルールの説明をする。5つの状況設定について箇条書きがあるので、イメージする状況設定のブレを少なくするために、状況設定についてファシリテーターより説明する。
3. 制限時間を20分とする。状況設定についてグループ内でブレが生じた場合は、グループごとで確認し合い、状況設定についてのイメージのブレを最小限にする。
4. それぞれのグループの選択したものを発表して確認し合う。
5. ホスピタリティのある対応のために大事なことについて気づいたことの発言を求め、参加メンバーで共有する。
6. ＜ふりかえりシート＞を配り、記入してもらう。
7. グループで＜ふりかえりシート＞に書いたことを発表しながらわかちあいをする。
8. 全体でワークから気づいたことをわかちあう。

> ワークシート

たかが声かけ、されど声かけ

> ねらい

- グループで望ましい声かけとして合意を導く話し合いをするなかで、自分や他者がどのような働きかけ(声かけ)をしているかに気づく。
- 話し合いにおいて、メンバーに対して寄り添う気持ちで相手の話を聴き、自分の思いも伝える。

> ワーク

1. 課題に対して自分がいちばん望ましい声かけと思うものを選択してください。
2. グループで話し合って、グループとしていちばん望ましいと思う声かけを選択してください。その際に下記の(合意の心得)を守ってください。
3. 時間は20分とします。

> 合意の心得

- 全員が納得するまで、十分話し合ってください。そのためには、自分の考えを主張することが大切ですが、それだけでなく、ほかのメンバーの考えに耳を傾けることもよりいっそう大切です。

- 自分の考えに固執して論争にならないことです。

- 多数決はしないでください。少数派になると意見が言いにくいものですが、勇気を出して話してください。少数意見は話し合いの邪魔になるのでなく、互いの考えの幅を広げてくれるもので、むしろ歓迎されるべきです。

- 決定をひとつにするためには、誰かが妥協をしなければならないのですが、安易に妥協しないでください。十分に納得して譲ることが大切です。

ワークシート

「たかが声かけ、されど声かけ」状況設定

1．集いに遅れてきた方（20歳代）に対して
①おはようございます。受付をしてこちらにどうぞ。
②今始まったところですので、ご心配なく。
③何かあったのか心配していたわ。
④○○さん、みんな待っていたのよ。
⑤遅れるときは連絡していただけるとありがたいわ。

私の選択	グループの選択

2．集いでゲームに対応できにくい方（50歳代）に対して
①○○さん、ゲームの内容を理解できていますか？
②それでいいですよ。何かあれば声かけて。
③無理をしないで休まれてもいいですよ。
④頑張ってこのようにやってくださいね。
⑤○○さん、できるところまでやればいいですよ。

私の選択	グループの選択

3．集いのときに不注意で物を壊した方（10歳前後）に対して
①いいですよ。壊そうと思って壊したのではないのでしょ？
②みんなのものでしょう。大事に扱って。
③怪我はなかったですか？
④私たちの置いたところが悪かったのね。
⑤形あるもの、いつかは壊れるわ。

私の選択	グループの選択

4．デイサービスセンターで、いつまでも噛んでいて、食事が遅い方（70歳代）に対して
①次のおかず、おいしそうですよ。
②そろそろ飲み込んでください。
③片付けの人が困るから、早くしてね。
④汁物も飲みましょう。
⑤周りの皆さん、食べ終わっていますよ。

私の選択	グループの選択

5．介護福祉施設で、「もう死にたい」と言った方（70歳代）に対して
①生きたくても生きられない人もたくさんいるのよ。
②どうして？ 何があったのですか？
③お迎えが来るまで頑張りましょう。
④そんなこと言ってはダメでしょ。
⑤「つらいですね」と言い、ひたすら話を聴く。

私の選択	グループの選択

※4、5は、諏訪茂樹（著）『続 介護専門職のための 声かけ・応答ハンドブック』（中央法規、1996）を参考に作成。

ふりかえりシート

「たかが声かけ、されど声かけ」ふりかえり

　グループのなかで交わされた話し合いの内容ではなく、話し合い中のメンバー同士の関係に思いを寄せて、下記のことについて気づいたことを書き出してください。

1．あなたは、メンバーに対して寄り添う気持ちで話すことができましたか。

　　　　　　　　　　　　　　　　　不十分　　　　　　　　　十分
　　　　　　　　　　　　　　　　　1 — 2 — 3 — 4 — 5 — 6

　　その理由は？

2．あなたは、メンバーの考えを寄り添う気持ちで聴くことができましたか。

　　　　　　　　　　　　　　　　　不十分　　　　　　　　　十分
　　　　　　　　　　　　　　　　　1 — 2 — 3 — 4 — 5 — 6

　　その理由は？

3．話し合いのなかでうれしかったことは、どんなことでしたか。具体的に書いてください。

4．このワークで気づいたことで、日常のなかで活かせることはありますか。

Ⅶ ホスピタリティ・マインドを育むワーク

コラム

　このワークは二重構造になっています。望ましい声かけをグループで話し合って合意していくなかで、ホスピタリティについて学びます。グループでの話し合いの過程において、メンバーの言動として「そうだね、相手の顔を見ながら声をかけることって大事だよね」とか「傾聴して受け容れていると、合意が得られやすいと思った」とか「上から目線の否定的な言い方はまずいね」とか「相手と自分との関係性やその場の状況により微妙に声かけが変わるね」などの会話がなされ、相互にホスピタリティを学んでいくことが期待できます。

　結果の発表後に＜ふりかえりシート＞を配布して、"今ここ"での話し合いにおけるメンバー一人ひとりがどのようにグループでの話し合いのなかでいたのか、一人ひとりのホスピタリティがどのようであったかをふりかえります。

　つまり、ホスピタリティについてグループで話し合っているにもかかわらず、そのときの自分の声のかけ方や態度にホスピタリティがあったかどうかをふりかえるのです。自分の意見を主張するあまり、メンバーの意見を聴くことができなかった自分に気づいたり、メンバーの受け容れてくれている態度によって、とても話しやすくなったりという体験をふりかえります。

　これらの相互の体験のわかちあいをとおして、相互に受け容れようとする姿勢が大切であることを学んでいきます。ここがグループ体験学習の醍醐味です。

自分の伝えたいことを上手に伝えるワーク

ワーク編

"言わぬが花"ということわざがあります。口に出して言わない方が奥ゆかしくて差しさわりがないという意味です。波風を立てたくないという日本人気質から生まれた処世術でしょう。それを裏づけるように"以心伝心""阿吽の呼吸"という言葉もあります。私自身もそのようなタイプの人間かもしれません。ただ、自分の気持ちをきちんと伝えないことで、自分自身のなかにストレスがたまってしまうことはないでしょうか。

それとは逆に、"言った者勝ち"で、いつも自分の考えだけを威圧的に伝え、相手をギャフンと言わせているタイプの人はいないでしょうか。この場合は、相手の心に傷をつけることになります。親和的で対等な関係は築かれず、服従関係やタテマエで対応する形式的な関係になってしまいます。

自分の気持ちをきちんと言いながらも、相手が不愉快に思わない伝え方はとっても大切です。そのような自己主張を「アサーション」といいます。起こっている状況に対して、率直、誠実、対等な姿勢で自分の気持ちを伝え、相手とコミュニケーションを成立させることです。腹立たしくなったりすると、ついつい相手の人格をけなすような言葉を発しがちになりますがそれは禁物です。ますます溝を深めます。

アサーションという概念は、1950年代の米国で、行動療法といわれるカウンセリングのひとつの手法のなかで生まれました。人は、相手に対して攻撃的に対応するタイプ（私はOK、あなたはOKではない）、非主張的に対応するタイプ（あなたはOK、私はOKではない）、アサーティブに対応するタイプ（私はOK、あなたもOK）があるとしています。そこで、「私はOK、あなたもOK」という双方に認め合える関係を作り上げていくことへの理解を養っていきたいものです。とはいえ、相手が威圧的であったり、自分が嫌われたくないと思ったりすると、即座に自分の気持ちに素直な対応ができません。

アサーティブに自分の気持ちを伝えるためには、状況を肯定的に把握したうえで、自分の気持ちをアイ（I）・メッセージ＝私メッセージで伝えるのが望ましいのです。アイ・メッセージは愛メッセージです。「私メッセージ」に対するのが「あなたメッセージ」です。

たとえば、あまり好ましくないことをやろうとしていたときです。あなたメッセージで、「それは世間常識から考えると、あなたは、それをやらない方がいいですよ」と言うと、「私の勝手だろ」と反応するかもしれません。私メッセージで、「あなたがやり続けると、私、悲しくなっちゃう」と言えば、「心配かけているのだな」と思い、反省するかもしれません。

いかがでしょうか。あなたメッセージだと、命令されているようで、「余計なお世話だ！」と言いたくなりますが、私メッセージだと相手の情感に響きやすく、相手は譲歩の姿勢になりやすくな

ります。

　アサーティブな声かけで、「あなたも私もＯＫ」という状況を作り出すためには、言語コミュニケーションの言葉そのものやことばのトーンだけでなく、非言語コミュニケーションの表情やしぐさも駆使するのがよいでしょう。また、相手を受け容れたうえで、次に自分の思いを発信するというスタンスがよいでしょう。

　問題解決のために構造的にしゃべり方を組み立てる方法に「DESC法」があります。まず、状況を客観的、具体的に描写して（describe：描写する）、次に、自分の主観的な気持ちを表現したり、説明したり、相手の気持ちに共感して（express：表現する、explain：説明する、empathize：共感する）、そのうえで、妥協案、解決案を提案し（specify：提案する）、さらに、それが受け入れ難いときの選択肢を示す（choose：選択する）というものです。
　Dのところは、状況を客観的に描写する過程を通して、他者受容、自己受容をする作業ととらえることができます。Eのところは、自分の気持ちを素直に表現することから自己開示といえます。そして、S、Cのところが、提案をして折り合いを付ける合意形成の作業です。

　なお、アサーション的なコミュニケーションのとり方は、人間関係における円滑なコミュニケーションやビジネスシーンでの交渉スキルだけでなく、学校教育におけるいじめ解決のために人権教育と関連させながら活用されてもいます。

相手に対する対応のタイプ

対応のタイプ	私	相手
攻撃的（アグレッシブ）	○	×
非主張的（ノン・アサーション）	×	○
さわやかな自己主張（アサーション）	○	○

1. あなたはどのように対応する？

ねらい
- 相手の発言に対して、自分の気持ちをさわやかに自己主張し、相手も受け容れができる伝え方に気づく。

形 態
- 2人一組で行う。

所要時間
- 75分程度

準備品
- ワークシート（人数分）、ふりかえりシート（人数分）

進め方
1. 2人一組をつくる。
2. ＜ワークシート＞を配り、ワークのねらいとルールを説明する。
3. まず、〔状況１〕に対して、どのように話したりふるまうかを考える。１問あたり３分とする。
4. ペアの人と実際にその状況をイメージして、演技（言葉、身振り、手振りなど）を行う。ファシリテーターは、相互に状況のイメージに集中して、演劇の一場面のように演じることを促す。その方がリアリティがあって、ふりかえりが深くなる。
5. 役割を交替して、〔状況２〕を行う。
6. ＜ふりかえりシート＞を配り、記入してもらう。
7. 2人一組のペアで＜ふりかえりシート＞に書いたことをもとにわかちあう。
8. 全体でワークから気づいたことをわかちあう。

ワークシート

あなたはどのように対応する？

状況1　レストランでのできごと

あなたは、とても食べたかった「海老フライカレー」を注文したにもかかわらず、ウェイター（ウェイトレス）は「海老ピラフ」を持ってきました。

> ご注文の「海老ピラフ」をお持ちしました。
> ごゆっくりお召し上がりください。

そこで、あなたの対応は？

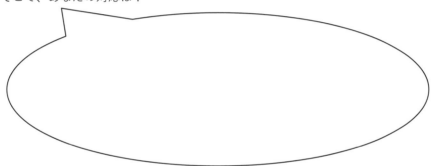

状況2　大事な本を貸している知人に久しぶりに会いました

大事にしている本を知人に貸したが、知人はそのことを忘れているのか、いっこうに本を返そうとしません。あなたは、大事な本を早く返してほしいと願っています。

> （本を借りていることが全く眼中にないそぶりで）
> 久しぶり！　〇〇さん元気でしたか。

そこで、あなたの対応は？

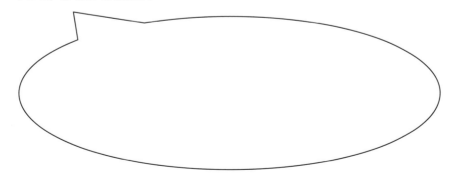

ふりかえりシート

「あなたはどのように対応する？」ふりかえり

1．あなたは、自分の思いをさわやかに伝えることができましたか。

         できなかった   できた
         1 — 2 — 3 — 4 — 5 — 6

 その理由は？

2．あなたは、相手の話すことやふるまい（対応）に対して、どのように感じましたか。

3．さわやかに自分の思いを伝えるために、どのようなことに心がけるとよいと思いましたか。

コラム

　たとえば、このワークのレストランでのできごとの場合では、ウェイターにきつく料理を取り替えるように言う人、取り替えてほしいがそれが言えずにいる人、受け入れたうえで自分の気持ちを伝え対応をお願いする人とさまざまです。

　福祉・保育など人にかかわる職員の勉強会でファシリテーターをしたときのことです。本日の学びのねらいを確認したあと、まずワークをしました。そのあと、アサーションについて解説をして、そのうえでもう一度ワークをしました。そのような展開により、アサーションのことを知ったことで、会話がどのように変わるかを体験しようと試みました。

　アサーティブな対応は、まず相手の心情をよく汲んで認めたうえで、自分の思いを率直に伝えます。考えてみれば、相手にもそれなりの理由があったかもしれません。そのことを確認せずに思いこみが先立つと、攻撃的な対応になりやすいものです。また、私だけが我慢すればいいんだと自分を追い込むと非主張的になり、惨めさを引きずるかもしれません。自分の気持ちを率直に伝えた方がお互いにスッキリすると思うことが大切です。そのあたりの心情をふりかえり、アサーティブな行動のきっかけが得られればよいでしょう。

　全体でわかちあったときに、「イラついたり、不安になったりする自分の気持ちを客観的に観る余裕が必要なことに気づきました」「相手が私の主張を理解する態度を示すと、こっちも譲歩した言動になりますね」などの気づきの発言がありました。

　ふりかえり、わかちあうなかで、さらに深い気づきがあることにしみじみグループ体験学習の醍醐味を感じました。

2. 中学校への携帯電話持参

ねらい
・携帯電話を中学校に持っていくことの是非を課題に、自分の思いを相手に伝えるときに、相手が受け容れるように伝える際の相手との関係性に気づく。

形　態
・原則として6人のグループ

所要時間
・75分程度

準備品
・ワークシート（人数分）、ふりかえりシート（人数分）

進め方
1. ＜ワークシート＞を配り、ワークのねらいと進め方を説明する。
2. ファシリテーターは、メンバーに、中学生の学校への携帯電話持参の是非について、容認派なのか禁止派なのかを確認しながら、容認派と禁止派が半数ほどになるように調整する。
3. おおむね、容認派3人、禁止派3人で構成する6人グループをつくる。
4. 6人で容認派、禁止派それぞれの主張を説明し合い、折り合える点を見つけ出す。
5. 主張を説明し合い、折り合える点を見つけ出す時間は、20分とする。
6. グループでどのような話し合いになったか、簡潔に発表し合う。
7. ＜ふりかえりシート＞を配り、記入してもらう。
8. グループで＜ふりかえりシート＞に書いたことを発表しながらわかちあう。
9. 全体でワークから気づいたことをわかちあう。

> ワークシート

中学校への携帯電話持参

> **ねらい**

・携帯電話を中学校に持っていくことの是非を課題に、自分の思いを相手に伝えるときに、相手が受け容れるように伝える際の相手との関係性に気づく。

> **ワーク**

・携帯電話の学校への持参にはさまざまな意見があります。
 容認派の意見としては、災害情報、防犯情報、交通安全情報など緊急時の連絡に役立つなどの意見があります。
・一方、禁止派の意見には、授業に集中できないとか、メールによるいじめの温床になりかねない、家計的に持参できない家庭への配慮などの意見があります。
・対立する立場で相手を説き伏せる論争ではありません。それぞれの立場から、自分と異なる立場のメンバーが気持ちよく納得するよう（あなたも OK、私も OK）に自分の主張を説明してください。

　時間は 20 分とします。

ふりかえりシート

「中学校への携帯電話持参」ふりかえり

1．説明において、自分と異なる立場のメンバーが気持ちよく納得できるように工夫したことはありますか。それはどんなことでしたか。

2．自分と異なる立場のメンバーの説明で、自分が気持ちよく納得したことはありましたか。それはどんなことでしたか。

3．このワークで気づいたことで、日常のなかで活かせることはありますか。

Ⅷ 自分の伝えたいことを上手に伝えるワーク

コラム

　このワークは、対立する立場にある者が相手を説き伏せる論争ではありません。相手の言い分を認めながらも自分の言い分もわかりやすく説明して、折り合える点を見つけ出し、あなたもOK、私もOKの点を見つけ出すことです。そのような気持ちで反対の立場の人と話し合いをすることで、冷静に到達点を見つけ出すことが合意形成につながります。

　現在は、中学校への携帯電話の持ち込みは禁止されているところもありますが、ワークにおいては、相互に折り合える点として、「特別な学校行事のときは持参できる」とか、「安全のために登下校時のみ電源を入れることができる」などユニークな提案も出されました。

　相手に対して攻撃的に話をすると、感情が入り本質を見逃しがちになります。また、憎くないはずの相手さえも憎く思えてきて、人間関係もまずくなります。

　また、自分の思いが主張できない場合も核心に迫る協議ができません。もちろん自分として納得して、全面的に相手の主張を受け容れるときは、どこに納得したかを明らかにするとよいでしょう。

3　4人の体験

ねらい
・電車の中で遭遇したひとつの事象について意見交換するなかで、一人ひとり違った価値観のあることに気づき、それを理解するとともに、自分の思いもきちんと伝える。

形　態
・数人のグループで行う。

所要時間
・100分程度

準備品
・ワークシート（人数分）、ふりかえりシート（人数分）

進め方
1. 数名のグループをつくる。
2. ＜ワークシート＞を配り、ワークのねらいとルールの説明をする。
3. 個人決定を15分、グループでの話し合いを25分とする。
4. グループで話し合われた結果を発表する。
5. ＜ふりかえりシート＞を配り、記入してもらう。
6. ＜ふりかえりシート＞に書いたことを発表しながら、グループでのわかちあいをする。＜ふりかえりシート＞の質問「2.」については、メンバーのひとりについて、他のメンバーが順に気づいたことを述べるかたちで進めていくとよい。
7. 全体でワークから気づいたことをわかちあう。

ワークシート

4人の体験

ねらい

ひとつの事象について意見交換するなかで、一人ひとり違った価値観のあることに気づき、それを理解するとともに、自分の思いもきちんと伝える。

ワーク

1．＜別紙＞の「4人の体験」を読んで、あなたとして好感のもてる人は誰ですか。
15分で行ってください。その理由もメモしてください。

	私の順位	理　　　　　　　由
会社員		
大学生		
高校生		
青　年		

2．グループのメンバーと話し合って、グループの順位を決めてください。
　なお、このとき、安易に多数決で決めたり、一部の人だけで決めたりせず、グループ全員が納得できるように決定してください。
　話し合いの時間を25分とします。

	グループ・メンバーの名前と順位						グループの順位
会社員							
大学生							
高校生							
青　年							

別　紙

「4人の体験」

「中年会社員の体験」
　ガタンと電車が動き出した。空席はなく、新聞を立って読む。ドアのガラスにへばりついて立っている若い男に気づく。その男は松葉杖をついているが、何か体に障がいがあるようだ。ふと、今はもう亡くなってしまった障がいのあったわが子が一瞬脳裏に浮かぶ。
　周りの腰掛けている連中は知らんふりをしている。目の前に腰掛けている大学生風の若者はうつむいてとぼけている。誰も席を譲る気配がないので声をかけた。
　「おい君。立ってあの人に席を譲りなさい」
　大学生は、ふてくされた顔で立ちあがり、コソコソとその場を離れ、他の乗客にまぎれて消えていった。
　「さぁ、どうぞ座ってください」と声をかける。若い男はモゴモゴと声を出すがよく聞き取れない。「さぁ、遠慮せずにどうぞ」ともう一度促す。結局は、遠慮している彼を抱きかかえるようにして空いた席に座らせてあげた。
　電車は駅に着き、ギィ～ガタンと止まった。「気をつけてね」と松葉杖の若者に声をかけて電車を降りた。
　電車のドアが閉まって、ガタンと動き出した。私は松葉杖の青年を、心の中で「大変だろうけど、頑張れよ！」と励ました。

「アルバイト大学生の体験」
　ガタンと電車が動き出した。あ～今日はもうクタクタだ。毎日バイト！　授業！　バイト！　昨夜も宿題で徹夜だったから早くバイトから帰ろうと思ったのに帰り際、店長にえらく説教をくらって気分最悪だ。帰りも結構遅くなった。あ～バイトなんかやめちゃおうかな……オレはうなだれたまま座席に座り、立っている乗客の足をにらんでいた。チェ、みんな良い靴はいてやがる。
　「おい君。立ってあの人に席を譲りなさい」
　いきなりサラリーマン風のおっさんに命令された。オレはむかついた。でも周りの視線が気になったので、我慢して席を立った。イテテェ腰が痛てぇな……バツが悪いから疲れた体を引きずってヒョコヒョコと少し離れた場所へ移動した。オレの背中にオッサンのいい子ぶった声が突き刺さる。
　「さぁ、どうぞ座ってください」「さぁ、遠慮せずにどうぞ」
　フン、テメエが席を譲ったみたいに言いやがって！
　電車は駅に着き、ギィ～ガタンと止まった。はずみでオレはよろけて女子高校生の足につまずいた。キャー！　黄色い笑い声。
　電車のドアが閉まって、ガタンと動き出した。とたんに、またよろけた。また黄色い笑い声！　むかつきっぱなしのオレの心に、なぜか松葉杖の男の顔が浮かんだ。あんな奴さえ電車に乗らなきゃ！

「女子高校生の体験」
　ガタンと電車が動き出した。明日のテストのヤマを友だち3人とおしゃべりしながら

の帰り道。高校3年の2学期ももう終わりに近づいている。自分は将来何になりたいんだろう？　ぼんやりとだが福祉の仕事にしようかと福祉系の大学に行こうかとは思っているが、自分に福祉の仕事が向いているのか、さっぱりわからない。
　少しむこうに松葉杖の若い人が目に入った。私の席からは少し遠いけど席を譲ってあげようか。でも、友だち3人と一緒だし、なんだか友だちの手前恥ずかしいな……友だちの話に生返事をしながら、頭の中は席を譲ろうかどうしようかでいっぱいになった。そこにおじさんの声。
「おい君。立ってあの人に席を譲りなさい」
　おじさんの声を聞いて正直ホッとした。
「さぁ、どうぞ座ってください」「さぁ、遠慮せずにどうぞ」
　松葉杖をついた若い人は、遠慮してなかなか席に座ろうとしない。やっぱり私が席を譲ってもそうだったろうから、譲らなくてよかったのだと自分に言う。
　席を立たされた大学生風の男の子がこっちにやって来る。
　電車は駅に着き、ギィ〜ガタンと止まった。私の隣に座った友だちの足につまずいてその大学生がこけた。友だちがいっせいに笑い出す。キャー！　ヤダー！　私も皆に無理に合わせようとひきつった笑い。
　電車のドアが閉まって、ガタンと動き出した。また、大学生はよろけた。また、キャー！と友だちが声をあげる。きまり悪そうな大学生を見ながら、この大学生が目の前にいるとなんだか気分がモヤモヤしたままだから、「早くどこかに行ってくれないかな」って心の中でつぶやいた。

「松葉杖の青年の体験」
　ガタンと電車が動き出した。ドアのガラスに寄りかかって苦しさを我慢した。いつものことだったが、やっとこさで電車に乗ると、息が苦しくて呼吸が落ち着くまでドアのお世話になる。それでも障がい者の自分がひとりで電車に乗るのは大変だけど、自力で電車に乗れたうれしさの方が毎回大きい。今日は次の駅で降りる。このままドアに寄りかかっていようと思った。するとそこに男の人の声が……
「おい君。立ってあの人に席を譲りなさい」
　まずい！　親切はうれしいけど、今日はすぐに降りるし、このままでいいのだが、うまく断れるかな。
「さぁ、どうぞ座ってください」
　私は不自由な口をいっぱいにあけて説明してみた。「一度腰掛けると立ち上がるのが大変なんです！　それに次の駅で降りるので」でも、うまく伝わらない。
「さぁ、遠慮せずにどうぞ」おじさんは私を抱きかかえるようにして座席に座らせてくれた。さぁ、困ったぞ。次の駅で降りるには、すぐに立ち上がる準備にかからねば……でも、おじさんは変に思うだろうな。親切にしてくれたおじさんに失礼だし……結局、次の駅で降りるのをあきらめた。
　電車は駅に着き、ギィ〜ガタンと止まった。「気をつけてね」おじさんはニッコリして降りていった。
　電車のドアが閉まって、ガタンと動き出した。色んなことが心に突き刺さる。おじさんに親切にしてもらって……学生に嫌な思いをさせて……なのに自分は駅を乗越して……いったい何をしているんだか……
　電車にひとりで乗るのはうれしいけど、周りの人がもう少し放っておいてくれると楽なんだけどな。

※江崎玲子・深澤道子（編）『現代のエスプリ』436号　（特集：ボランタリズム、至文堂、2003　pp.12-14
「三人の日記」をベースに一部修正、加筆（山岸裕作成）

ふりかえりシート

「4人の体験」ふりかえり

1．いちばん好感がもてる人を選ぶとき、どのようなことを思い、どのようにメンバーに伝えましたか。

2．グループで話し合いをしたとき、メンバー（あなたも含めて）の言動がどのような影響を与えましたか。

メンバー	どのような言動が、どのような影響を
自分	

3．このワークで気づいたことで、日常のなかで活かせることはありますか。

Ⅷ 自分の伝えたいことを上手に伝えるワーク

> **コラム**

　このワークは、山岸裕氏が作成したワークを活用させていただき、ワークの展開を変えて作成しました。

　このワークの醍醐味は、同じ状況に遭遇しても四人四様の気持ちのプロセスがあることをあらためて考えさせられることです。立場が違えばこんなにも異なった体験や気持ちの変化があるのだなと気づき、自分の思い込みや先入観だけで周りの人を決めつけることのないように、対人関係においてかかわることが必要だということを学びます。

　また、話し合っているグループのメンバーもそれぞれの背景をもっている者同士なので、発想や価値観（自己概念）が異なります。合意していくなかで、その自己概念の違いに気づいていきます。

　このワークは、合意形成をはかるワークですが、そのプロセスをとおして、なぜメンバーがそのように主張するのかを理解するなかで、それぞれの考え方があることを理解し、また、他者を理解しようとしているメンバーの姿そのものから、その人となりを学ぶことができます。その意味では深いワークとなります。

　なお、これは、好意のもてる順を決定するワークですが、「好意がもてませんが、どうすればいいのですか」と質問されたことがあります。そのときには、「好意が十分もてないことはわかりました。そのなかで、少しでも好意がもてる順に決定してください」と答えました。

ワーク編

合意形成の大切さに気づくワーク

　チーム力をアップするためには、情報が共有されていることと、決めごとの決定に合意形成という手続きをとることが極めて大切です。そして、情報の共有と合意形成は密接な関係にあります。情報が共有されてないと合意形成もはかれません。そのためには、まず、情報がメンバーに開示されていることが大切です。次に一方的に物事が決定されるのではなく、メンバーの気持ちが反映され、決定されていく状況を確保することが大切です。決定のプロセスに参画することで、「私を必要としてくれている」という気持ちになり、さらに発言のチャンスがあれば、決定事項に対する納得度もグーンと高まります。そして次の行動へのモチベーションも高まります。また、チームへの帰属意識も高まります。

　一方では、チームから必要としてもらってもいい人間なのだ、と自己存在を表現できることも大事な能力となってきます。自己肯定感が高いとそのあたりがスムーズにできます。自己肯定感も自己受容をしていく学びのなかで高めていくことができます。

　さてここで、意思決定のさまざまなパターンを確認しておきます。

① **ひとりの者による決定**
　絶対権力をもったひとりによる決定です。独裁的な決定であり、意見を言う余地が認められないことがあります。メンバーは指示待ち型になったり、無気力になったり、反発を抱きます。

② **少数者による決定**
　委任した数名の代表者による決定の場合です。議会などがそれに当てはまります。その場合、決定のプロセスが見える場合と、見えない場合があります。見えないと不満が生じるでしょう。

③ **多数決による決定**
　メンバー全員による多数決です。話し合いが行われ、最後の判断を多数決するので、おおむね納得するでしょう。ただ、少数の意見を無視するのではなく、拾う努力があると納得感が高まります。

④ **合意による決定**
　話し合いにより合意したうえで決定する方法です。話し合いがしっかりしていると、お互いにわかり合えて譲り合うことも可能になります。時間がかかることがあります。また、必ずしも合意が得られないこともありますが、膝を交えて熱心に話し合ったということが、次のステップにプラスに働きます。

　私は、介護サービス事業所のスタッフ研修にかかわることがたびたびありますが、こんなデータがあります。介護サービス事業所の離職の理由です。理由の上位に「職場の人間関係に問題があったため」「法人や施設・事業所の理念や運営のあり方に不満があったため」とあります。これらは、

スタッフが情報を共有していて、決めごとについての意思決定が丁寧になされていると、ある程度は回避されます。丁寧に合意形成がされると、そのプロセスの中でお互い同士の人となりが理解でき、よりよい人間関係形成の一助となります。また合意形成の手順を踏むことで、運営についての思いや方向性も合意することができ、お互いのベクトルを寄せ合うことができます。そのことにより離職を抑えることができます。

　合意形成を学ぶ体験学習を行ったあとの感想として、「結果的に自分の思いとは違うことで決まってしまいましたが、しっかり話し合ったので、すっきりしています」「話し合ったことで、その人の背景が見え、いっしょに仕事ができる仲間なんだという思いがした」という感想が聞かれました。それらは話し合っていたときのプロセスをふりかえることで得られる気づきです。決定した内容（コンテント）のこともさることながら、プロセスを大切にした成果だと思います。ファシリテーターがプロセスを注視し、学ぶメンバーにプロセスから学ぶことを促進するのは、人と人の関係を豊かにすることに力を注ぎたいからです。

1. 職場実習の日程

ねらい
・情報をまとめながら実習生の職場実習の日程を明らかにする作業をとおして、意思決定や協力のありようについて気づく。

形　態
・数人のグループで行う。

所要時間
・90分程度

準備品
・情報カードが入った袋（グループ数分）、模造紙（グループ数分）、マーカー（グループ数分）、ワークシート（人数分）、ふりかえりシート（人数分）

進め方
1. 数人のグループをつくる。
2. グループに模造紙、マーカーを配る。
3. ＜ワークシート＞を配り、ワークのねらいとルールの説明をする。
4. ワークに取り組む。時間は20分とする。
5. 各グループは、課題の解答を発表する。正解の発表をする。
6. ＜ふりかえりシート＞を配り、記入してもらう。
7. ＜ふりかえりシート＞に書いたことを発表しながら、グループでのわかちあいをする。
8. 全体でワークから気づいたことをわかちあう。

ワークシート

職場実習の日程

ねらい
・情報をまとめながら実習生の職場実習の日程を明らかにする作業をとおして、情報の共有や意思決定をしていくプロセスに気づく。

ワーク
・デイケアセンター"快"は実習生5名を受け入れます。実習生のひとりである「あつ子さん」は、どのような順で実習をしたでしょうか。

ルール
1．自分が持っている情報は、口頭で伝えてください。他人の情報カードを見せたり、他人に渡したり、見せたりしないでください。
2．模造紙に表や図、単語を書くことはかまいません。
3．すべての情報を模造紙などに書き写すことはしないでください。

　このための時間は、20分です。

ふりかえりシート

「職場実習の日程」ふりかえり

1．あなたは、自分の伝えたいことを伝えることができましたか。

　　　　　　　　　　　　　　　　できなかった　　　　　　できた
　　　　　　　　　　　　　　　　1 ── 2 ── 3 ── 4 ── 5 ── 6

　その理由は？

2．グループ・メンバー（自分自身も含めて）について、情報の共有や合意形成の観点から気づいたことはどんなことですか。

メンバー	情報の共有や合意形成の観点から気づいたことは
自分	

3．このワークで気づいたことで、日常のなかで活かせることはありますか。

職場実習の日程　情報カード

しゅんくんは、「トイレ介助」をしていると、「レクリエーション」をしているたけるくんの声が聞こえました。	実習で学ぶことは、「食事介助」、「入浴介助」、「トイレ介助」、「レクリエーション」、「記録」です。
しゅんくんは、すでに「入浴介助」実習を終えたたけるくんから、そのポイントを聞き、予習をしました。	しゅんくんは、4日目に「食事介助」をしましたが、その日は誕生日会メニューでした。
しゅんくんは、明日のために、ゆう子さんが本日実習した「トイレ介助」の留意点を確認しました。	りのさんは、「記録」を書いていたらスタッフから留意点についてアドバイスを受けました。3日目のことでした。
たけるくんは、4日目に「記録」の書き方を教えてもらいました。	りのさんは、ゆう子さんの「トイレ介助」と同じ日に「レクリエーション」を担当しました。
たけるくんは、食事の配膳をしていたら、ゆう子さんがトイレから車椅子を押して介助していました。	たけるくんは、得意な「レクリエーション」を2日目に担当します。
少し慣れてきた最終日、ゆう子さんは「レクリエーション」の実習をさせてもらいました。	実習生5人は、1日ごとそれぞれ違う実習を体験します。

正 解

	しゅんくん	ゆう子さん	たけるくん	りのさん	あつ子さん
1日目	記録	**トイレ介助**	**食事介助**	**レクリエーション**	入浴介助
2日目	**トイレ介助**	記録	**レクリエーション**	入浴介助	食事介助
3日目	レクリエーション	食事	**入浴介助**	**記録**	トイレ介助
4日目	**食事介助**	入浴介助	**記録**	トイレ介助	レクリエーション
5日目	**入浴介助**	**レクリエーション**	トイレ介助	食事介助	記録

※上記の太字は、情報カードに記載されている情報で、それ以外は組み合わせにより明らかになった情報です。

コラム

　手持ちの情報を出し合い、全体像をかたち作っていく過程は楽しく盛り上がります。このワークは、情報を表にまとめることに気づき、それでも情報が不足しているところは、整合性が成り立つように推測して課題を明らかにしていきます。

　グループを観察していると、仕切る人が出てくるグループ、穏やかに話し合っているグループとさまざまです。ふりかえりをしたあとのグループでのわかちあいのところで、「〇〇さんが情報をうまく整理してくれたので、わかりやすくなった」との△△さんからの発言が聞かれました。そのようにフィードバックを受けた、〇〇さんの表情はうれしそうでした。

　グループのなかで起こっていること（グループ・プロセス）をとおして、メンバーのさまざまな姿が見えてきて、それが日常の仕事の場面では見ることのなかったメンバーの理解となります。その発見が新鮮です。そのような"今ここ"での体験を大切にして、メンバー間の相互理解を深めていくことに気づくようにふりかえりをファシリテートするとよいでしょう。

　私自身、全体のわかちあいの場で、そのことを紹介しながら、〇〇さんに、「△△さんから、あなたの言動に対してそのようにフィードバックされましたが、それを聞いてどのように感じましたか。また、そのように思っていた△△さんの表情をワーク中にうかがい知ることができましたか」と問いかけました。

　このことをとおしてプロセスを注視することへの気づきを深めました。

2 文化センターまでの道順

ねらい
- 情報をまとめながら目的地までの道順を明らかにする作業をとおして、意思決定や協力のありようについて気づく。

形 態
- 数人のグループで行う。

所要時間
- 90分程度

準備品
- 情報カードが入った袋（グループ数分）、模造紙（グループ数分）、マーカーセット（グループ数分）、ワークシート（人数分）、ふりかえりシート（人数分）

進め方
1. 数人のグループをつくる。
2. グループに模造紙、マーカーセットを配る。
3. ＜ワークシート＞を配り、ワークのねらいとルールの説明をする。
4. ワークに取り組む。時間は25分とする。
5. 各グループは、でき上った地図を発表する。正解の発表をする。
6. ＜ふりかえりシート＞を配り、記入してもらう。
7. ＜ふりかえりシート＞に書いたことを発表しながら、グループでのわかちあいをする。
8. 全体でワークから気づいたことをわかちあう。

ワークシート

文化センターまでの道順

ねらい
・情報をまとめながら文化センターまでの道順を明らかにする作業をとおして、意思決定や協力のありようについて気づく。

ワーク
・駅を出てから文化センターに行きたいのですが、道順が断片的にしかわかりません。しかし、そのバラバラの情報をつなげていくと道順がわかります。紙に地図として描き表してください。

ルール
1．地図は模造紙に描き、道順も示してください。
2．自分が持っている情報は、口頭で伝えてください。他人の情報カードを見せたり、他人に渡したり、見せないでください。
3．すべての情報を模造紙などに書き写すことはしないでください。

　このための時間は、25分です。
　無事地図ができあがることをお祈りします。

ふりかえりシート

「文化センターまでの道順」ふりかえり

1. あなたは、自分の伝えたいことを伝えることができましたか。

　　　　　　　　　　　　　　　できなかった　　　　　　　できた
　　　　　　　　　　　　　　　　1 — 2 — 3 — 4 — 5 — 6

　その理由は？

2. あなたは、他のメンバーの伝えたいことを聴くことができましたか。

　　　　　　　　　　　　　　　できなかった　　　　　　　できた
　　　　　　　　　　　　　　　　1 — 2 — 3 — 4 — 5 — 6

　その理由は？

3. 意思決定や協力をするなかで、グループのメンバー（自分も含めて）のコミュニケーションで印象に残っていることや影響し合ったことを書いてください。

メンバー	印象に残っていること・感じたこと
自分	

情報カード

花紀書店のある交差点の南東の角にコンビニがあります。	文化センターは、山田公園の向かい側です。
花紀書店の道路を隔てた東にポストがあります。	西から東に流れる吉本川があります。
吉本バス停のある交差点の北東の角にポストがあり、南東の角には岡八病院があります。	吉本川には辻本橋がかかっています。
寛平公園から南へ50m行くと、辻本橋があります。	吉本バス停から北へ100m行くと、左側に池乃呉服店があります。
寛平公園から北へ150m行くと、道路の左側に坂田公民館があります。	坂田公民館を南へ50m進むと、左手にポストのある交差点で、そこを右に曲がって歩くと桑原酒店です。
Ｔ字の道を南に50m進むと、右手に山田公園があります。	コンビニのある交差点を南へ進むと、左側に寛平公園があります。
文化センターに行くには、吉本バス停の交差点を北の方向に進みます。	吉本中学校から少し離れたところに文化センターが見えます。
桑原酒店の前から、南に延びる道（Ｔ字）があります。	吉本バス停は交差点のすぐ西にあります。
文化センターは、利用者の談笑がいつも絶えないことで知られています。	吉本中学校の道路を隔てた向かい側は、寛平公園です。
桑原酒店から東に100m行くと、花紀書店のある交差点に出ます。	池乃呉服店から北に50m行くと、辻本橋を渡ります。

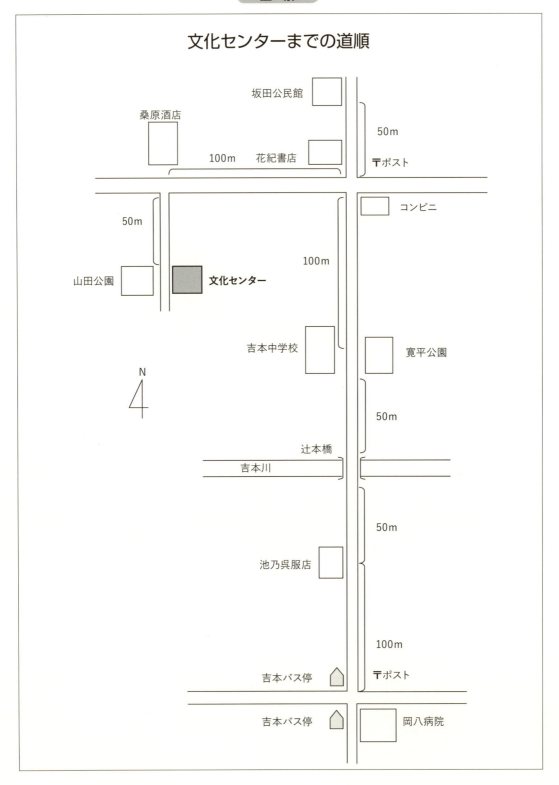

コラム

　このワークは、郵便ポストが2箇所あることに気づくことが手順よく進めるポイントになります。ポストは1箇所という思い込みがあると、戸惑ってしまいます。そのあたりが課題解決への盛り上がりともなります。ワーク終了後、それぞれのグループで作成した地図を紹介し合います。そのあとに正解の紹介です。

　このワークの中で、メンバー同士はどのように影響し合ったとか、メンバーの発言や行いに対してどのように感じ合ったかというプロセスをふりかえります。そのために、私は、ワークを始める直前に、ワークのねらいを再確認します。ワークをすることに夢中になり、誰が何を言ったか、どんな行動に出たかをほとんど思い出せないという状況を避けるためにです。

　このワークに取りかかっている時間を25分と設定していますが、課題を達成していないグループが多数ある場合は、状況を判断しながら課題達成の時間を数分延ばす配慮が必要です。なぜなら、課題達成そのものはコンテントの部分ですが、課題達成の満足度もグループ・メンバーのよりよい関係性にも影響すると考えるからです。

　「〇〇さんが発言された情報を模造紙にメモ書きしてくれたので、情報が整理でき話し合いが前に進んだ」「グループをリードしてくれた人が、あなたの意見はどうですかと振ってくれたので話しやすかった」などの意見が聞かれました。

3 楽しい潮干狩り

ねらい
・課題について、グループ対抗で予測を立てることをとおして、合意していくプロセスのさまざまな視点について気づく。

形態
・数人のグループで行う。

所要時間
・90分程度

準備品
・ワークシート（人数分）、ふりかえりシート（人数分）

進め方
1. 数人のグループをつくる。
2. ＜ワークシート①＞と＜ワークシート②＞を配り、ワークのねらいとルールの説明をする。
3. ワークに取り組む時間は35分とする。

   ●ファシリテーターの留意点
   ・グループからの申し出のときには、リーダーからの申し出であることを確認してから申し出を受け付ける。
   ・1回で申し出る4エリアがどこであるかを皆に聞こえるように復唱する。
   ・申し出の後に、獲得したポイント数を発表する。
   ・所定の時間になったら、まだ申し出ができてないグループがあっても終了する。

4. 正解を発表し、各グループのワーク結果を確認する。
5. ＜ふりかえりシート＞を配り、記入してもらう。
6. ＜ふりかえりシート＞に書いたことを発表しながら、グループでのわかちあいをする。
7. 全体でワークから気づいたことをわかちあう。

ワークシート①

楽しい潮干狩り

ねらい
・課題について、グループ対抗で予測を立てることをとおして、合意していくプロセスのさまざまな視点について気づく。

ルール
親睦会で潮干狩りに出かけました。せっかくなら、貝が潜んでいそうな場所を絞り込んで掘りたいものです。その挑戦を、スタッフをグループに分けて行うことにしました。そのために次のルールを定めました。

1. あなた方の目的は、浜辺で潮干狩りをして評価の高いように貝を収穫することです。
2. グループにおいて、リーダーを決めてください。
3. 1回で4箇所掘ることとしますが、掘るのは4回しかできません。よって、合計16箇所掘ることができます。ただし、掘るのは時間内でしたら、いつ掘ってもよいです。
4. 貝はエリアをタテ・ヨコ10分割し、合計100のエリアに分けて、計画的に掘ることができるようにしています。
5. 貝は、ハマグリ（5ポイント）、アカガイ（3ポイント）、アサリ（1ポイント）があり、100エリアのどこかの12エリアに生息しています。
6. 貝が生息するエリアは、タテとヨコでつながっています。斜めにはつながっていません。
7. グループで掘るエリアを決定して、その掘るエリアをグループのリーダーにより、親睦会に参加している全員に聞こえるようにファシリテーターに申し出ます。
8. リーダーは、Ａ１、Ｅ８、Ｈ５などと掘るエリアを申し出ます。
9. ファシリテーターは、グループがポイントを得た場合は、そのポイント合計数を発表します。
10. 時間内に掘る申し出をしなかった場合は、掘れなかった分として1掘り1ポイントの減点になります。また、ルールに違反して掘った場合も1違反で1ポイントの減点になります。
11. グループは自由に話し合い、図をどのように使ってもよいです。
12. 必要なことはすべてこの＜ワークシート①＞に書かれていますので、リーダーは、ファシリテーターに質問することはできません。
13. 制限時間は35分です。

ワークシート②

楽しい潮干狩り

	1	2	3	4	5	6	7	8	9	10
A										
B										
C										
D										
E										
F										
G										
H										
I										
J										

楽しい潮干狩り（生息正解例）

	1	2	3	4	5	6	7	8	9	10
A										
B										
C		ハマグリ 5	ハマグリ 5	アサリ 1	アカガイ 3	アカガイ 3				
D				アサリ 1		ハマグリ 5				
E						アカガイ 3	アサリ 1	アカガイ 3		
F					アサリ 1	ハマグリ 5				
G										
H										
I										
J										

ファシリテーター用の集計用紙(例)

グループ	1回目		2回目		3回目		4回目		合計
	エリア	ポイント	エリア	ポイント	エリア	ポイント	エリア	ポイント	
	小計								
	小計								
	小計								
	小計								
	小計								
	小計								

ふりかえりシート

「楽しい潮干狩り」ふりかえり

1．あなたは、グループ・メンバーとルールを十分理解し合うことができましたか。

　　　　　　　　　　まったくできなかった　　　　十分できた
　　　　　　　　　　1 ── 2 ── 3 ── 4 ── 5 ── 6

　　どのような点で？

　　また、十分理解し合うために働きかけたことはありますか。それはどんなことですか。

2．あなたは、情報をグループ・メンバーと十分確認し合いながら決定することができましたか。

　　　　　　　　　　まったくできなかった　　　　十分できた
　　　　　　　　　　1 ── 2 ── 3 ── 4 ── 5 ── 6

　　どのような点で？

　　また、十分確認し合うために働きかけたことはありますか。それはどんなことですか。

3．そのほかに、このワークで気づいたこと、学んだことを書いてください。

コラム

　このワークは、ルールをグループ・メンバー間で理解し合うのに時間がかかります。ルール理解が不十分で、リーダーでない人が、ファシリテーターに潮干狩りの場所を申し出て、ポイントが減点になることがあります。そのような失敗によりルールを確認していく場面もあります。そのことからも、ワークの前半はグループ間の探り合いがあって、情報がいくつか確認され、終盤に申し出の発言が活発になる傾向があります。

　よって、他のグループの情報を記録して掘る場所を絞り込んでいくときに、時間管理、情報の共有や合意を促すコミュニケーションやリーダーシップ、メンバーシップの学びがあります。

　さらには、リーダーになった人は、リーダーとしてグループをまとめるとともに、メンバーで合意していくための働きかけ（声かけ、確認作業など）のトレーニングになります。

　ワークに参加した感想として、「情報を共有しつつも、リーダーに情報をきちんと伝えないとリーダーが判断に困ってしまうということを学びました」「他グループの情報から類推する部分があるので、それを手際よく自分たちのグループで話し合いながら判断する集中力は、危機管理のトレーニングになりました」「時間に追われるなかで、メンバーそれぞれの素の姿が出てきて、それはそれでメンバーに対する新たな気づきとなりました」などの感想が聞かれました。

　「皆さんの姿から、当事者として真剣に判断をしている様子を見ました。その共通体験が大切と思います」と私の感想を述べました。

ワーク編

リーダーシップを理解するワーク

　リーダーとリーダーシップは同じでしょうか、異なるでしょうか。リーダーは、地位や役割の名称です。議長、課長が地位や役割であるのと同じと考えてよいでしょう。では、リーダーシップとはどのようにとらえればよいでしょうか。

　チームで何かの目標に向かって事業や活動をしていたとしましょう。チームの目的・目標をめざして事業や活動を遂行するために計画を立て、チームメンバーで合意したり、役割分担をしてその役割を担うことで、事業や活動が展開していく技量や、それらをうまく展開できるよう、場の親和的雰囲気を維持したり、メンバーをサポートする技量が求められます。それをリーダーシップと考えていいでしょう。なお、"技量"と書きましたが、"シップ"とは、"心構え""技量""あり方"という意味合いがあります。

　リーダーシップを機能という側面から見ると、集団の課題や目標を達成していこうとする機能（P機能）と集団そのものを形成維持していこうとする機能（M機能）があります。具体的にどのような働きかけがあるかを示すと次のとおりです。

リーダーシップの機能

●**目標を達成する機能（P機能）P：Performance**
1. 目標の明確化や共有化への働きかけをする。
2. 情報、意見、アイデアを提供したり、求めたりする。
3. 新たに始める口火を切る。発議する。
4. 情報や意見を関係づけたり、まとめたりする。
5. 明確化したり、確認したり、吟味、解釈、判断したりする。
6. 意思決定への働きかけをする。
7. 仕事の進め方を提案したり、決めたりする。
8. 時間管理についての働きかけをする。
9. 技術的・物理的な面への働きかけをする。

●**集団のまとまりを維持する機能（M機能）M：Maintenance**
1. 他のメンバーの参加を促す。
2. メンバーやグループをサポートする。
3. 感情を確かめたり、共有化をはかったり、感情表出への働きかけをする。
4. 葛藤の調整をはかる。
5. コミュニケーションを促進させる働きをする。
6. 集団の現状をフィードバックする。
7. グループの規範に対して働きかける。
8. 譲歩したり、グループが向かっている方向に沿って妥協する。
9. 雰囲気づくりなど、精神的な面へ働きかける。

※星野欣生（著）『職場の人間関係づくりトレーニング』（金子書房 2007）中の機能的リーダーシップを参考にして作成。

P機能、M機能のことを知っていると、職場やグループ活動で、さまざまなメンバーに適材適所で活躍してもらうことができます。個人個人の特性を認め、さまざまなリーダーシップを引き出し、上手く活かすことが大切です。そのとき、メンバーはお互いに自分が役立っているんだなという満足感に満たされます。そして、チームはまさに全員一丸となって使命や課題に取り組んでいきます。
　一方、「メンバーシップ」という言葉もあります。メンバーとしての自覚をもって、チームの目的・目標のなかでの一人ひとりが役割を担って、その部分を遂行していきます。その技量がメンバーシップです。そして、リーダーシップとメンバーシップの相乗作用で、活力ある事業や活動の遂行ができます。

　リーダーシップというと、指揮命令でメンバーを引っ張っていくようなイメージがあるかも知れませんが、必ずしもそうではありません。組織が安定しているとき、緊急の判断を要するときなど、組織の置かれている状況により、リーダーシップの協調されるところが変わります。
　メンバーの声に耳を傾けながら合意形成をし、それぞれの役割に対して自発的に取り組むことをバックアップするリーダーシップの姿があります。「サーバント・リーダーシップ」といいます。コーチングをするときにリーダーシップはこのような立ち位置かもしれません。また、リーダーシップをひとりの者が担うのではなく、役割や内容に応じてそのことにふさわしい人がリーダーシップを担うという「シェアード・リーダーシップ」があります。
　いずれにしても、リーダーとメンバー間での情報の共有、信頼、認め合いなどによって、リーダーシップ、メンバーシップが成り立っていきます。

　メンバーシップが高いと、集団（組織）にも積極的にかかわります。そうすると、集団のメンバーにさらに認められます。そして、集団にかかわることが楽しくなってきます。そのことからもメンバーシップを高めたいものです。

1. やすらぎビレッジ

ねらい
- あるビレッジの位置関係や配置を、情報をまとめながら明らかにする作業をとおして、メンバーのさまざまなリーダーシップについて気づく。

形　態
- 数人のグループで行う。

所要時間
- 90分程度

準備品
- 情報カードが入った袋（グループ数分）、模造紙（グループ数分）、マーカーセット（グループ数分）、ワークシート（人数分）、ふりかえりシート（人数分）

進め方
1. 数人のグループをつくる。
2. グループに模造紙、マーカーセットを配る。
3. ＜ワークシート＞を配り、ワークのねらいとルールの説明をする。
4. ワークに取り組む。時間は、30分とする。
5. 各グループで調べたことを発表する。正解の発表をする。
6. ＜ふりかえりシート＞を配り、記入してもらう。
7. ＜ふりかえりシート＞に書いたことを発表しながら、グループでのわかちあいをする。
8. 全体でワークから気づいたことをわかちあう。

> ワークシート

やすらぎビレッジ

ねらい
- あるビレッジの位置関係や配置を、情報をまとめながら明らかにする作業をとおして、メンバーのさまざまなリーダーシップについて気づく。

ワーク
- 「やすらぎビレッジ」というテーマパークがあります。
  あなた方はそこに行きました。あなた方は、そのときの記憶を思い出しながら「やすらぎビレッジ」のことを語り始めました。「やすらぎビレッジ」のことで、確認したいことがあるので、語り合った情報をまとめ「やすらぎビレッジ」の全体像をつかみ、明らかにしていこうと思います。
  その場合、次のルールを守らなければなりません。

1．自分の持っている情報は、思い出した情報です。口頭のみで伝え合ってください。

2．他の人の情報を見たり、自分の情報を見せたり、情報をそのまま書き出したりすることはできません。

3．図やポイントとなる言葉を書くことはかまいません。

　このための時間は、30分です。
　無事に確認できることをお祈りします。

情報カード

「シネマハウス」の南には、「スイーツハウス」がありました。	「クラフトハウス」の北東には、ケヤキの木のあるハウスがありました。
ハーブ畑のハウスの前に風車が建っていました。	カエデのあるハウスでは、フォルクローレが聞こえていました。
芝生の周囲にはベンチがあって憩うことができました。	ケヤキのあるハウスには、噴水があったのを覚えています。
「やすらぎビレッジ」の西の方角に建っているハウスは、「何のハウス」でしたかね？	ジャズが聞こえるハウスの芝生は、休憩するのに適していました。
「クラフトハウス」の入り口には丸太をチェーンソーで彫った鷹（タカ）の彫り物が飾ってありました。	「スイーツハウス」の南の方角には、たしか「クラフトハウス」がありました。
「やすらぎビレッジ」には、バラ園のあるハウス」を中心に、東、西、南、北に4棟のハウスがありました。	鷹（タカ）の彫り物のあるハウスの西北には、ハーブ畑のあるハウスがありました。
東の方角にあるハウスからはシャンソンが流れていました。	「ハーブハウス」の北東の方角には、「シネマハウス」がありましたね。
それぞれのハウスの周囲には何らかの造形物がありました。	秋になると、カエデがきれいに紅葉していたことを覚えています。

情報カード

シャンソンが流れていたハウスは、何が楽しめるハウスでしたかね？	バラ園には、日時計がよく似合っていました。
芝生が敷きつめてあるハウスの前の釣り鐘は、あるシネマで映し出されていた釣り鐘のレプリカだそうです。	「ハーブハウス」からはクラシックの曲が聞こえてきました。
「スイーツハウス」の前にはどんな造形物がありましたか？	バラ園のあるハウスから南の方を見ると鮮やかなカエデの木が見えました。
ハーブ畑のあるハウスの北東の方角のハウスから風に乗ってジャズが聞こえてきたことを覚えています。	カエデのあるハウスの入り口には鷹（タカ）の彫り物がありましたよ。
「やすらぎビレッジ」のハウスは、それぞれ異なった音楽を流していましたね。	「シネマハウス」の南東の方角には、大きなケヤキが見えていたことを覚えています。
「スイーツハウス」の東の方角は、シャンソンを流しているハウスでした。	日時計のあるハウスからはカンツォーネが聞こえてきました。
ケヤキのあるハウスの南西の方角には、たしか「クラフトハウス」がありました。	「スパ（温泉）ハウス」の西の方角には、バラ園が見えていました。

正解

「やすらぎビレッジ」正解

- 「やすらぎビレッジ」の西に建っているハウスは？ ⇒ **ハーブハウス**
- シャンソンが流れているハウスは？ ⇒ **スパ（温泉）ハウス**
- 「スイーツハウス」の前に飾ってある造形物は？ ⇒ **日時計**

北

	シネマハウス	
	芝生	
	釣り鐘	
	ジャズ	

ハーブハウス	スイーツハウス	スパ（温泉）ハウス
ハーブ畑	バラ園	ケヤキ
風車	日時計	噴水
クラシック	カンツォーネ	シャンソン

西　　　　　　　　　　　　　　　　　　東

	クラフトハウス	
	カエデ	
	鷹の彫り物	
	フォルクローレ	

南

	ハーブハウス	クラフトハウス	スイーツハウス	スパ(温泉)ハウス	シネマハウス
方角	西	南	中心	東	北
花・木	ハーブ畑	カエデ	バラ園	ケヤキ	芝生
造形物	風車	鷹の彫り物	日時計	噴水	釣り鐘
音楽	クラシック	フォルクローレ	カンツォーネ	シャンソン	ジャズ

ふりかえりシート

「やすらぎビレッジ」ふりかえり

1．あなたは、このワークにどの程度かかわることができましたか。

　　　　　　　　　　　　　不十分　　　　　　　十分
　　　　　　　　　　　　　1 ─ 2 ─ 3 ─ 4 ─ 5 ─ 6

　　その理由は？

2．メンバー（あなたも含む）の行ったことで、課題達成（アイデアの提案、情報のとりまとめ、問題点の明確化など）に役立ったことは、誰のどんな行いでしたか。

3．メンバー（あなたも含む）の行ったことで、グループの維持（メンバーを励ます、和やかな雰囲気をつくる、コミュニケーションを促すなど）に役立ったことは、誰のどんな行いでしたか。

4．このワークで気づいたことで、日常のなかで活かせることはありますか。

コラム

　正解を求めて課題を解決していくワークは楽しく展開していきます。ただし、正解を突きとめるのが最終の目標ではありません。ですから、不正解だったグループが、その時点でワークに対するモチベーションを落とさないようにファシリテートしていくことが求められます。

　それは、ふりかえりをして、ワークの"今ここ"での体験中からリーダーシップのありようについて気づいていくことが学びの目標であるからです。不正解であっても、ワーク中の話し合いが生き生きしていて、よい仲間関係が生まれたのであれば、そのグループは、M機能の高いグループであるといえます。そして次回の課題解決に取り組むことができます。

　そのような状況を冷静に判断し、学びに変えていく力を養えれば学びの成果が大きかったといえます。

2. 人間コピー

ねらい
- 課題の絵をグループで協力しながら同じように描く作業をとおして、メンバーのさまざまなリーダーシップについて気づく。

形態
- 数人のグループで行う。

所要時間
- 70分程度

準備品
- 画用紙（グループ数分）、クレパスまたはクレヨン（グループ数分）、ワークシート（人数分）、ふりかえりシート（人数分）、模写する絵（1枚）

進め方

1. 数人のグループをつくる。
2. ＜ワークシート＞を配り、ワークのねらいとルールを説明する。
3. 絵を描くための画用紙、クレパス（クレヨン）をグループに配る。
4. 課題を行うための時間は、20分とする。
5. もとの絵と、各グループが作成した絵を見比べる。
6. ＜ふりかえりシート＞を配り、記入してもらう。
7. ＜ふりかえりシート＞に書いたことを発表しながら、グループでのわかちあいをする。＜ふりかえりシート＞の質問「2.」については、メンバーのひとりについて、ほかのメンバーが順に気づいたことを述べるかたちで進めていくとよい。
8. 全体でワークから気づいたことをわかちあう。

X リーダーシップを理解するワーク

ワークシート

人間コピー

ねらい
・課題の絵をグループで協力しながら同じように描く作業をとおして、メンバーのさまざまなリーダーシップについて気づく。

ワーク
・ボードの反対側に1枚の絵が貼ってあります。その絵を見てきて、画用紙になるべくそっくりな絵を描いてください。そうです。あなたたちのグループは美術品の模写をするグループなのです。
そのために、次のことを守ってください。

1．何度、絵を見に行ってもよいです。

2．1回に見に行く人は、グループでひとりです。

3．見に行くときは、何かを持っていってはいけません。

スタートの合図から、20分で作業は打ち切ります。

模写する絵

ふりかえりシート

「人間コピー」ふりかえり

1．このワークのなかで、あなたはどの程度かかわることができましたか。

　　　　　　　　　　　　　　　　　不十分　　　　　　　　　十分
　　　　　　　　　　　　　　　　　1 ── 2 ── 3 ── 4 ── 5 ── 6

　その理由は？

2．このワークのなかで、リーダーシップに関する誰（あなた自身も含めて）のどんな言動が印象に残っていますか。

メンバー名	リーダーシップに関する印象に残っている言動
自分	

3．このワークで気づいたことで、日常のなかで活かせることはありますか。

コラム

　このワークは、日本学校グループワーク・トレーニング研究会が考案したワーク「人間カラーコピー」にヒントをいただきました。ワークのねらいやふりかえりシートは、リーダーシップに合わせて作成しました。

　動きをともなうワークですので、「あれ、忘れた」「見に行っている間、ここを黄色に塗っておいて」などと会話がなされ、にぎやかに楽しく進行していきます。

　ワークを行うと、メンバーの今まで知らなかった一面を垣間見ることができます。たとえば、絵を描くのがうまい、時間管理をしてくれた、情報の出し合う場を上手くまとめてくれた、メンバーに対して応援するまなざしを向けていたなど、メンバーのさまざまな一面を垣間見ることができます。

　こんな気づきの発言をいただいたことがあります。「私には、リーダーという存在は程遠いと思っていましたし、今もそう思います。しかし、わかちあいをしたときに、『ワークを見守るようなあなたの笑顔がとてもよかった』と言われたとき、私も少しばかりは役立っているんだとうれしくなりました」と。

　仕事や市民活動をしているチーム仲間において、このようなワークをときおり行ってください。きっと、仕事や市民活動で顔を合わせているときに見せないお互いの一面を確認し合うことで、メンバーのよりよい関係性を維持していくことに役立つと思います。

3 クロスワード

ねらい
- クロスワードをグループで行うなかで、リーダーシップのさまざまな側面に気づく。

形態
- 数人のグループで行う。

所要時間
- 90分程度

準備品
- 情報カードの入った袋（グループ数分）、模造紙（グループ数分）、マーカーセット（グループ数分）、ワークシート（人数分）、ふりかえりシート（人数分）

進め方
1. 数人のグループをつくる。
2. 「クロスワード」がどんなものであるかを、メンバーに確認する。知らない人がいたら、ホワイトボードに図示して、やり方を伝える。
3. 模造紙、マーカー、＜ワークシート＞を配り、ワークのねらいとルールの説明をする。
4. ワークに取り組む。時間は25分とする。
5. 各グループのワークの結果を発表する。正解を発表する。
6. ＜ふりかえりシート＞を配り、記入してもらう。
7. ＜ふりかえりシート＞に書いたことを発表しながら、グループでのわかちあいをする。＜ふりかえりシート＞の質問「3.」については、メンバーのひとりについて、ほかのメンバーが気づいたことを順に述べるかたちで進めていくとよい。
8. 全体でワークから気づいたことをわかちあう。

ワークシート

クロスワード

ねらい
- クロスワードをグループで行うなかで、リーダーシップのさまざまな側面に気づく。

ワーク
- 「クロスワード」とは、「カギ」とよばれる文章によるヒントをもとに、タテ・ヨコに交差したマスに言葉を当てはめてすべての白マスを埋めるパズルです。
あなた方のグループの課題は＜情報カード＞をもとに「クロスワード」を解き、さらに＜情報カード＞のなかの課題で示された最終課題を解くことです。
そのために必要な情報は、すべて＜情報カード＞のなかにあります。各＜情報カード＞には部分的な情報しか書かれていませんが、全員の情報を集めれば、課題を解決することができます。
グループで話し合いながら課題を解決してください。

ルール
各自が持っている情報は、口頭で伝えてください。他者の情報を見たり、他者に渡したり見せたりすることはできません。また、情報を一部始終メモしたり、書き写すことはできません。ただし、模造紙（用紙）に、単語や絵、図を描くことはかまいません。模造紙（用紙）を十分活用してください。

スタートの合図から25分でワークは打ち切ります。

情報カード

タテ・ヨコとも7マスのクロスワードである。	マス番号10のタテのキーは、「過去の生物の遺骸が地層の中で長い年月の間で鉱物状になったものは何?」。
左上のマス番号は1で、1つ空けた右のマス番号が2である。	マス番号10の下のマス番号は、12である。
マス番号2のタテのキーは、「笑みを浮かべている表情を英語で言うと?」。	マス番号12のヨコのキーは、「電車は何の上を走るの? 日本語で」。
マス番号3の1つ空けた下のマスの右となりが、マス番号7である。	マス番号13のヨコのキーは、「世界的に有名な映画産業の都市は?」。
マス番号4のタテのキーは、「アラビアン・ナイト(千夜一夜物語)の一話で、アラジンが持っていた道具と言えば?」。	マス番号12の1つ空けた右となりの下のマス番号は、13である。
上から3段目で右から2つ目のマス番号は、7である。	マスA、B、C、D、Eの5文字をアルファベット順に書くとどんな単語になるか? それがこの最終課題である。
マス番号7のタテのキーは、「ホテルで2台のベッドが配備されている部屋を何と言う?」。	マス番号7の右となりのマスから上に2つ上がったマスは、Aである。
マスCから1つ上にあがり、左に6マス移動したマス番号は、12である。	マス番号12のヨコの解答の最後の文字の下のマスから4つ右となりのマスが、Cである。

マス番号10のタテのキーの解答の真ん中の単語のマスは、Dである。	マス番号7のタテのキーの解答の最後の文字のマスは、Bである。
マス番号4の1つ空けた左が、マス番号3である。	マス番号10のヨコのキーは、「東北地方の民話『○○地蔵』」。
5のマス番号の1つ空けた上のマス番号は、1である。	マス番号1のタテのキーは、「性能や機能が水準に適合しているか調べることを何と言う？」。
マス番号5のヨコのキーは、「満腹、空腹で、時間を察することを、『腹○゛○○』と言う？」。	マス番号2の解答の最後の文字の右となりのマス番号は9で、その下がマス番号11である。
マス番号5のヨコのキーの解答の真ん中の単語のマス番号は、6である。	マス番号11のヨコのキーは、「メモリアルな日のことを何と言う？」。
マス番号8のヨコのキーは、「水の中で生活し、芸ができる動物は何？」。	マス番号3のタテのキーは、「衝撃を和らげる敷物の名称は？」。
マス番号8のすぐ下の文字は、マス番号10のヨコの単語の2文字目である。	マス番号8と9の間のマスは、Eである。

解答

クロスワード解答

1 テ		2 ス		3 マ		4 ラ A
ス		マ		ツ		ン
5 ト	6 ケ	イ		ト	7 ツ	プ
	8 イ	ル E	9 カ		イ	
10 カ	サ		11 キ	ネ	ン B	ビ
12 セ D	ン	ロ				
キ		13 ハ	リ	ウ	ツ	ド C

ラ A	ン B	ド C	セ D	ル E

ふりかえりシート

「クロスワード」ふりかえり

1．あなたは、自分の考えや意見をどの程度、述べることができましたか。

　　　　　　　　　　　まったくできなかった　　　　　十分できた
　　　　　　　　　　　1 ― 2 ― 3 ― 4 ― 5 ― 6

　その理由は？

2．あなたは、他のメンバーの考えや意見をどの程度、聞くことができましたか。

　　　　　　　　　　　まったくできなかった　　　　　十分できた
　　　　　　　　　　　1 ― 2 ― 3 ― 4 ― 5 ― 6

　その理由は？

3．メンバー（自分も含めて）は、それぞれどのような役割をとりましたか。

メンバー	印象に残っている発言や行動（具体的に）　それはP機能かM機能か
自分	

4．このワークで気づいたことで、日常の中で活かせることはありますか。

X リーダーシップを理解するワーク

コラム

　クロスワードという、なじみのあるクイズゲームで、お互い一部分ずつ持ち合わせた情報で、全体を見とおして課題を解決していくワークです。協力や役割分担、リーダーシップが求められます。その過程において思い違いなども生じたりして、さまざまな人間関係のありように気づきます。だんだんクロスワードが解けてくるときのワクワク感をチームで共有することはチームづくりに有効的です。

　念のために、「クロスワードはご存知ですか」と確認し、もしルールや楽しみ方についてあいまいな理解の人がいたら、簡単に説明しておく必要があります。それを怠ると参画意欲の低下につながります。

　マスを模造紙に書く人、番号がどこのマスかを熱心に考える人、立ち止まって「もう一度考えを組み立てよう」と言う人とさまざま。そこからチームにかかわる自分の傾向をフィードバックします。

ワーク編

チーム力を高めるワーク

　チームの活性化をねらったワークショップは、関係するメンバー内でのコミュニケーション、目標の共有化と意思決定、リーダーシップ、役割分担などについて総合的に学ぶもので、集団への参画意識、集団のなかでの自分の役割貢献などに気づきます。

　人は、他者との関係性のなかで成長していきます。そして、かかわりをもつ集団の活動に対して影響を及ぼしたり、影響を受けたりしています。自分がかかわる集団（職場の集団、市民活動での集団など）の活性化のために、どのようにかかわるのが望ましいでしょうか。

　活力あるチームには、次のようなことが大切です。それらのことをグループ体験学習から学んでいきましょう。

1　明確な目標・方針

　メンバーで共有された目標や方針、規範などをもつことです。そのことによりお互いの方向性がまとまり、自分自身も「よしやるぞ」とモチベーションが高まります。その場合、突然上から与えられた目標や方針ではなく、自分たちで確認し合ってつくった目標や方針の方が一段とモチベーションが高まります。

2　プロセスの共有

　目標や方針の決定、それにたどり着く行動計画をどのように進めていくかの過程を共有することです。集団での決めごとなどが、「私たちのもの」と思えることが大切です。情報の共有や合意形成は、欠かせない手続きとなります。

3　助け合える人間関係

　行動するためには、それぞれのメンバーの強みをつなげ合いながら、「いっしょになってやっていきましょう」と活動できる人間関係が不可欠です。日ごろから気楽に話ができる雰囲気づくりが大切です。

　チームづくりをねらいとしたグループ体験学習を体験したあとの感想として、「チームメンバーとして自分も大事だし、あなたも大事」「出会いを大切にし、必要な出会いであることを心にとめ、何かできること……」「皆で相談して決めたことは、自分も参画者のひとりとして何か責任を果たしたい気持ちになった」など、人とのつながりを大切にする声が聞かれました。輝く自分づくりがつながっていけば、輝くチームづくりになります。輝くチームづくりがつながれば輝く地域、国家、世界づくりになります。そのような広がりのなかにいる自分を意識することが大切です。

　さて、そこでメンバーのかかわりがチームの活性化にどう影響を及ぼしたり、自分がどのように参画できるかに気づくワークショップを紹介します。

XI チーム力を高めるワーク

1 スカイツリー

ねらい
- グループで話し合い、ツリーを作成する作業をする過程で、お互いの間で起こっている関係（コミュニケーション、リーダーシップ、意思決定、役割分担……）に気づく。

形態
- 数人のグループで行う。

所要時間
- 100分程度

準備品
- ストロー（70本程度×グループ数）、セロテープ（グループ数）、ハサミ（グループ数）、ワークシート（人数分）、ふりかえりシート（人数分）

進め方

1. 数人のグループをつくる。
2. ＜ワークシート＞を配り、ワークのねらいとルールを説明する。
3. グループにストロー、セロテープ、ハサミを配る。
4. グループで話し合いをする。時間は15分とする。
5. グループで作成する。時間は25分とする。
6. 作成したスカイツリーのプレゼンテーションをする。1グループ2分とする。
7. ＜ふりかえりシート＞を配り、記入してもらう。
8. ＜ふりかえりシート＞に書いたことを発表しながら、グループでのわかちあいをする。＜ふりかえりシート＞の質問「2.」については、メンバーのひとりについて、ほかのメンバーが気づいたことを順に述べるかたちで進めていくとよい。
9. 全体でワークから気づいたことをわかちあう。

ワークシート

スカイツリー

ねらい

- グループで話し合い、ツリーを作成する作業をする過程で、お互いの間で起こっている関係（コミュニケーション、リーダーシップ、意思決定、役割分担……）に気づく。

ルール

　皆さんは、スカイツリーを作成するために召集されたプロジェクトメンバーです。下記の取り決め事項に沿いながら、どんな形のツリーにするかを話し合ったうえで、作成にとりかかってください。ご健闘をお祈りします。

1．与えられた素材を用いて、スカイツリーを作ることです。

2．スカイツリーは、「東京スカイツリー」に似せる必要はありません。

3．できるだけ高くて安定したスカイツリーを作ってください。

4．スカイツリーのユニークさも大切にしてください。

5．グループで相談して、スカイツリーに命名してください。

6．作成したスカイツリーについて、プレゼンテーションをしてもらいます。

7．グループで話し合いをして作成にとりかかってください。

　話し合い（15分）と作成（25分）の時間を合わせて、40分です。

XI チーム力を高めるワーク

ふりかえりシート

「スカイツリー」ふりかえり

1．このワークで、あなたは参加した実感をどのくらいもてましたか。

　　　　　　　　　　まったくできなかった　　　　十分できた
　　　　　　　　　　1 ── 2 ── 3 ── 4 ── 5 ── 6

　どのような点で？

2．グループ・メンバー（自分も含めて）について、作成へのかかわり（コミュニケーション、リーダーシップ、合意形成、役割分担……）で、誰のどのような言動が、どのような影響を与えましたか。

メンバー	誰のどのような言動が、どのような影響を与えましたか
自分	

3．このワークで気づいたことで、日常のなかで活かせることはありますか。

※このワークは、『人間関係研究』第9号　実習「タワー・ビルディング」（2010）を参考にしました。

209

コラム

　「東京スカイツリー」にあやかり、自分たちでスカイツリーを作成する楽しいワークです。私の住んでいるところは名古屋に近いので、「名古屋スカイツリー」と銘打って行っています。参加者は、時間の経つのも忘れて取り組み、ツリーが倒れそうになると悲鳴を上げたりします。

　でき上ったスカイツリーをプレゼンテーションしたあと、メンバーひとりに投票権を１回与えて、自分のグループ以外に投票することで、優秀グループを決めるとさらに盛り上がります。優秀グループの判断基準は、課題に書かれている基準とします。

　このワークのふりかえりにおいて、参加者の頭の中は、「このように工夫すれば高くて倒れにくかった」などコンテントに関することが占めていますので、プロセスをふりかえることを確認することが大切です。

　あるときの研修会のことです。様子を眺めていて、ふりかえりのときに、同じグループの間で、参加の実感についての自己評価が高かった人と低かった人がいたので、全体ふりかえりのときに、私は、そのことに触れた発言をしました。「同じグループでも参加の実感にはかなりの差がありましたね。自分はのめり込んで作成していても、隣では作成のリズムに入れないでいるメンバーがいる雰囲気を感じませんでしたか。そのとき、『もう少しみんなで再確認しましょう』と言って、その人のことに心を寄せる言動ができたとしたらどうでしたでしょうか」と問いかけてみました。「そうですね。メンバーの動きや気持ちに心を配れるようにすることに気づきました。職場で、まとめていく立場の私ならなおさらのことです」との声が上がりました。「"今ここ"から学ぶということは、こういうことなんですね。どんな状況からも大切な学びができます」と、まとめました。

XI チーム力を高めるワーク

２● 動物ジェスチャー

ねらい
- グループで協力して自分たちの体を使って動物を作る作業をとおして、自分のグループへのかかわり方について気づく。

形　態
- 数人のグループで行う。

所要時間
- 80分程度

準備品
- 動物カード（グループ数分）、ワークシート（人数分）、ふりかえりシート（人数分）

進め方
1．数人のグループをつくる。
2．＜ワークシート＞を配り、ワークのねらいとルールの説明をする。
3．グループよりひとり出て、袋の中から＜動物カード＞を引く。
4．カードの動物を、メンバーが動物の一部分を担当してグループで演じる。そのための相談と練習の時間は15分とする。
5．ファシリテーターの進行のもと、各グループで順に＜動物カード＞の動物を演じる。見ているグループ・メンバーは演じた動物を当てる。
6．＜ふりかえりシート＞を配り、記入してもらう。
7．＜ふりかえりシート＞に書いたことを発表しながら、グループでのわかちあいをする。
8．全体でワークから気づいたことをわかちあう。

動物カード

名刺サイズの紙に動物の名前を書いてつくる。
- ゾウ
- キリン
- ゴリラ
- ウシ
- カンガルー
- ラクダ
- ワニ　など

ワークシート

動物ジェスチャー

ねらい

・グループで協力して自分たちの体を使って動物を作る作業をとおして、自分のグループへのかかわり方について気づく。

ワーク

1．グループからひとり選んで、＜動物カード＞を引きに来てください。
2．カードの動物をグループで相談し、メンバーが動物の一部分となって動物を演じます。
3．まず、カードの動物の部位（頭、足、胴体など）の特徴や動き（首や尾の振り方、歩き方、水の飲み方、特徴ある動きなど）を相談してください。
4．次にグループ・メンバーが部位になって、カードの動物を演じる練習をしてください。
5．話し合いと練習の時間を合わせて、15分とします。
6．グループ対抗で、カードの動物を演じ、他のグループがその様子を見ていて、動物が何かを当てます。

では健闘をお祈りします。

ふりかえりシート

「動物ジェスチャー」ふりかえり

1. あなたは、このワークにどの程度かかわることができましたか。

   　　　　　　　　　　　　　　不十分　　　　　　　　　　十分
   　　　　　　　　　　　　　　1 —— 2 —— 3 —— 4 —— 5 —— 6

   その理由は？

2. あなたは、このワークにどのように貢献できましたか（ささいなことでもよろしいです）。
   〈話し合いの段階〉

   〈演じる段階〉

3. ワーク前とワーク後を比べて、気づいたことはありますか。
   〈メンバー（あなたも含めて）について〉

   〈グループについて〉

コラム

　このワークの素材は、自然の不思議さや仕組みについて学ぶネイチャーゲームの創始者であるジョセフ・コーネル氏の考案した「動物ジェスチャー」（日本ネイチャーゲーム協会、2012）です。そこに、私なりにねらいを考え、それに沿った＜ふりかえりシート＞を作成したものです。これは、演劇的なワークであり、メンバーの協力でひとつの動物を演じるので、一体感が生まれます。肩車する、おんぶする、肩を組むなどのスキンシップが生じるので、あらかじめふれあいのあるワークでウォーミングアップして、ふれあうことに対しての安心感が得られてから行うとよいでしょう。

　また、このワークは屋内・屋外いずれでも可能です。自然の中で行うと巨木の陰から出現するなどの演出ができるので、さらに味わい深いワークとなります。また動物の生態についての理解も深まります。

XI チーム力を高めるワーク

3 私たちの公園を設計しよう

ねらい
- 話し合いをとおして、公園のイメージの合意をはかる。
- 合意をしたことで、その先の参画意識がどう変わっていくかに気づく。

形　態
- 8人（6〜7人でも可能）で行う。

所要時間
- 110分程度

準備品
- あらかじめ敷地を書き込んだ模造紙（グループ数分）、マーカーセット（グループ数分。裏写りしないものがよい）、ワークシート（グループ数分）、合意の心得シート（グループ数分）、出席者（ステークホルダー）を記した紙の入った袋（グループ数分）、ふりかえりシート（人数分）

進め方
1. 8人のグループをつくる。
2. ワークのねらいと進め方を説明する。
3. マーカーセット、＜ワークシート＞、＜あらかじめ敷地を書き込んだ模造紙＞、＜合意の心得＞、＜利害関係者のカード＞の入った袋を配布し、ワークのルール説明をする。
4. 各グループで、＜利害関係者のカード＞をメンバーに1枚ずつ配布する。
5. 各メンバーは、出席者の役になりきって役割を演じる。そのために、各自、公園のイメージをつくる。5分間とする。
6. 自治会役員が進行役となり、造りたい公園の設計のワークに取り組む。話し合いと創作の時間を合わせて35分とする。
7. 各グループは、公園のコンセプトと作成した図面の特徴を発表する。1グループ3分程度とする。
8. ＜ふりかえりシート＞を配り、記入してもらう。
9. ＜ふりかえりシート＞に書いたことを発表しながら、グループでのわかちあいをする。
10. 全体でワークから気づいたことをわかちあう。

ワークシート

私たちの公園を設計しよう

ねらい
・話し合いをとおして、公園のイメージの合意をはかる。
・合意をしたことで、その先の参画意識がどう変わっていくかに気づく。

ワーク

　あなたは、地方都市の住宅地（従来から住んでいる世帯と、ここ10年ほど前から住みはじめた世帯が半々）に住んでいます。少し離れた所には、町工場や商店街があります。周辺にはあまり緑地帯はありませんが、もう少し離れた所には里山があります。
　さて、そこでは、以前より地域住民が親しめる公園を市に造ってほしいという要望が高まってきました。そのために、市に対して、地域住民の思いをまとめて「こんな公園を造ってほしい」と提案をすることになりました。
　市としても市民参加型で公園の計画や管理を進めていくことには前向きで、地域住民の提案を受け入れ、相談していく気持ちがあります。
話し合いにおいては、公園のコンセプトについても話し合ってください。
　なお、予算的には、7千万円程度（植栽、インターブロックの敷設、遊具や健康づくり設備等の設置、日よけや水飲み場などの設備、バリアフリーの設備やトイレの設置などは可能だが、本格的な建造物建設は想定外（予算の半額以内なら可能）。地域の公園なので、駐車場は10台程度とのことです。

　出席者（利害関係者：ステークホルダー）は、次の方々です。

・老人クラブ関係者	・子育てサークルの方
・自治会の役員（進行役を務める）	・スポーツ好きな大学生
・環境美化活動をしている市民	・ウォーキングをしている市民
・公園予定地近所の市民	・犬と散歩をする高校生

　　（※7名以下の場合は、自治会の役員以外を減らす）

・それぞれの方は、与えられた役割になりきり、その立場の意見を主張してください。
・自分の提案をまとめるのに5分準備します。
・話し合いと創作とあわせて、時間は35分です。
・そのあとに、公園のコンセプトと公園のデザインを発表していただきます。

利害関係者のカード

あなたは、老人クラブ関係者です。

＜主張するポイント＞

　公園で仲間とゆったりとくつろいだり、散歩をしたいと思っていて、そのための設備（ベンチ・あずまや・樹木・ゲートボール場など）を備えてほしいと提案します。

　特にゲートボールについては、県大会に参加するチームであり、練習に熱心であるので、ゲートボール場の設置を提案します。

※参考　ゲートボールコートの広さ　1面 15 m × 20 m

あなたは、子育てサークルの方です。

＜主張するポイント＞

　子育て世代の仲間と公園に集まり、おしゃべりしたり、親子で遊具で遊んだりしたいと思っていて、そのための設備（ベンチ・ブランコ・ジャングルジムなど）を備えてほしいと提案します。

　雨天の場合に、お母さん同士の趣味が楽しめるような簡易なフリースペース（60㎡　約2千万円）を建ててほしいと提案します。

あなたは、自治会の役員です。

＜主張するポイント＞

　まず、話し合いの進行役をしてください。

　役柄、地域の多くの方に喜ばれる公園を造ってほしいと願っています。

　地域の中にできる公園なので、これを機会に地域のふれあいイベントなどがこの公園で開催できることを望んでいます。そのためには、あまりいろいろなものを建てるのではなく、少しでも広いスペースの確保を提案します。

あなたは、公園予定地近所の市民です。

＜主張するポイント＞

　公園予定地のすぐ近くに住んでいます。今までは快適な環境でしたが、公園ができることで、ボールが飛んできたり、騒がしくなることが予測されるので、そのようなことでは困ると主張します。

　静かに散歩できる公園を提案します。

あなたは、環境美化活動をしている市民です。

＜主張するポイント＞

　草花の手入れ、あるいは緑化・環境保護（エコ的なこと）に関心があり、そのような立場で公園を整備してほしいと提案します。
　まず、花壇を作ってほしいと提案します。
　次に、公園内に池や川を作り、水に親しむことができる公園として整備することを提案します。池や川はビオトープとして、多様な生物が生息する場所になることを望んでいます。

あなたは、ウォーキングをしている市民です。

＜主張するポイント＞

　健康づくりのためにウォーキングをしています。日ごろは道路を歩いていますが、公園整備をするなら、公園の外周にウォーキングコースを整備してほしいと提案します。
　できれば、ウォーキングコースには、随所に健康づくり器具（平均台、ぶら下がり棒など）を設置すると健康づくりが倍増すると提案します。
※参考　1周で190mほどのウォーキングコースとなる

あなたは、スポーツ好きな大学生です。

＜主張するポイント＞

　公園で仲間とフットサル（ミニサッカーのようなスポーツ）をしているので、この公園でもフットサルができる平坦な広さを確保してほしいと望んでいます。ボールが住宅地や道路に飛んでいかないように、フェンスを設置することも望んでいます。それらは、他のスポーツにも役立つので、安全確保のためには必要な設備であると提案します。
※参考　コートの広さ　1面20m×40m

あなたは、犬と散歩をする高校生です。

＜主張するポイント＞

　犬としばしば散歩をします。その際に、犬のトレーニング（フリスビーを投げ、それを犬が追いかけ、口でキャッチする）を広場でしたいと思っています。そうしたことから、あまり建造物のない芝生公園を整備してほしいと提案します。

合意の心得シート

合意の心得

　「合意」は、グループで意思決定をするときのひとつの方法です。決定することがらに全員が合意することが求められます。つまり、メンバー全員が納得して決定するのです。
　そこで、以下にいくつかの心得を書きます。

・全員が納得するまで、十分話し合ってください。そのためには、自分の考えを主張することが大切ですが、それだけでなく、ほかのメンバーの考えに耳を傾けることもよりいっそう大切です。

・自分の考えに固執して論争にならないことです。

・多数決はしないでください。少数派になると意見が言いにくいものですが、勇気を出して話してください。少数意見は話し合いの邪魔になるのでなく、互いの考えの幅を広げてくれるもので、むしろ歓迎されるべきです。

・話の中身だけでなく、話している人の気持ちやグループのなかで起こっていることにも目を向けてください。

・決定をひとつにするためには、誰かが納得して考えを変えなければならないのですが、安易な妥協はしないでください。十分納得して譲ることが大切です。

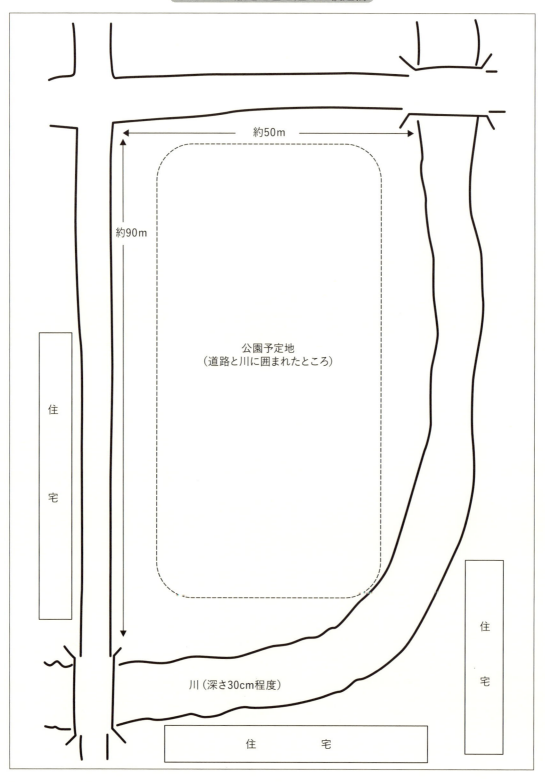

ふりかえりシート

「私たちの公園をつくろう」ふりかえり

1．あなたは、自分の意見を発言することができましたか。

　　　　　　　　　　　　　　　　まったくできなかった　　　　　十分できた
　　　　　　　　　　　　　　　　　1 — 2 — 3 — 4 — 5 — 6

　　その理由は？

2．あなたは、グループの意見を受け入れることができましたか。

　　　　　　　　　　　　　　　　まったくできなかった　　　　　十分できた
　　　　　　　　　　　　　　　　　1 — 2 — 3 — 4 — 5 — 6

　　その理由は？

3．あなたは、グループで決定した公園について満足ですか。

　　　　　　　　　　　　　　　　　不満　　　　　　　　　　　　満足
　　　　　　　　　　　　　　　　　1 — 2 — 3 — 4 — 5 — 6

　　その理由は？

4．公園ができたときに、公園の管理運営に関心をもったり、何らかのかかわりをもちたいと思いますか。

コラム

　このワークは、ヘンリー・サノフ著、小野啓子訳の『まちづくりゲーム』（晶文社、1993）および、『参加のデザイン道具箱』（世田谷まちづくりセンター、1993）を参考にしています。『参加のデザイン道具箱』のなかに示されている「起し絵」という色画用紙やケント紙に木などを描いて切り抜いて、それを模造紙に貼って立体でイメージをつくっていく作業をするとさらにワークがおもしろくなりますが、本書ではそこまでは紹介していません。

　利害関係者（ステークホルダー）を演じることをとおして、それぞれの立場を理解しながら、思いをひとつにまとめていくチカラを養います。「話し合うことで、色々な立場の思いがわかり、決まったことに納得しました」「このようなかたちで決定に参画すると、まちづくりの主体者という意識が高まりますね」などの感想が聞かれました。

　このワークをとおして、市民と行政の協働のためのさまざまな立場の者の合意形成づくりのあり方の学びになればよいと考えます。また、そのためのファシリテーターが求められている時代であると考えます。

ワーク編

クロージング

　ワークショップで、さまざまな出会いとさまざまな気づきを得ました。特に、丸一日とか二日かけた集中的なワークショップのときには、充実した時間の流れのなかで、心も体も興奮状態の人もいるでしょう。

　しかし、終わりのときは必ずやってきます。クロージングを行うことで、学び全体のわかちあいをしたり、日常社会で活かすことを確認し合うこともできます。そのためにも、クロージングの時間を30分程度はとってほしいと思います。

　参加者の学びの充実感と分かれの切なさの心のリズムに合わせながら、進行してください。

1 ウルトラ連歌

ねらい
- 今の気持ちを連歌風（五七五と七七の句を順番にくりかえす）にグループでリレーして綴り、気持ちの共有をはかる。

形　態
- グループメンバーで行う。

準備品
- Ａ４の用紙（グループ数分）、マーカーセット（グループ数分。裏写りしないものがよい）

進め方
1. Ａ４の用紙とマーカーセットをグループに配る。
2. 各グループで、用紙をメンバー分の枠ができるように折線をつける。
3. ワークをしたあとの今の気持ちを連歌でしたためるワークです。
4. 最初のメンバーが最初の言葉をできれば五七調で書く。次のメンバーがそれを読んで、続きの言葉を書く。そして、自分が書いた句しか見えないように折り返して、次の人に渡す。
5. 前の人の書いた句のみを黙読し、自分の句を書く。繰り返して、全メンバーが句を書く。
6. それぞれのグループが、作成した連歌を発表する。
7. 連歌を味わった余韻を大切にする。
8. 一日以上かけて学びをしたときに行うと効果的である。

コラム

意外とステキな連歌ができあがります。気持ちの共有ができるので、温かい気持ちになれます。一体感を感じます。これには、ファシリテーターとしてよけいなコメントは不要です。

人との関係における気づきではなく、自然との関係における気づきからポエムをつくるアクティビティに、日本シェアリングネイチャー協会のネイチャーゲーム『フォールドポエム』がありますが、それをアレンジしました。

2 ● 私からあなたに一言

ねらい
・出会ったメンバーに対して、その人について感じたことを一言ずつ書いて、感謝の気持ちを伝える。

形　態
・2人一組で行う。

準備品
・A3程度の厚紙にひもをつけたもの（人数分）、マーカー（人数分。裏写りしないものがよい）

進め方
1．A3程度の厚紙にひもをつけ、首からぶら下げ、厚紙を背中に垂らす。
2．各自、裏写りしないマーカーを持つ。
3．2人一組になり、お互いにその人について感じたことを短い文章で書く。
4．書き合う相手を交替しながら進めていく。時間は15分程度とする。
5．終了後、各自、厚紙を首からはずし、書かれた内容を確認する。
6．2〜3人に感想を聞く。

※スタッフもこのワークに参加してよい。スタッフに対する参加者からの感想もうれしいものです。

コラム

　このワークは、書いてもらった厚紙を見るときが楽しみです。他者に自分がどのように見られていたかをふりかえる機会になります。「ジョハリの窓」の、他者が知っていて自分の知らない自分の発見になるかもしれません。色紙に書いた寄せ書きのようなもので、研修の資料と一緒にファイルしておくと、大切な思い出になります。

　ただ、高校生ぐらいだと、ステキな彼（彼女）に何か書いてほしいと、一部の人のところに集中することがあるかもしれません。そのときはファシリテーターとしてどのように対応すればよいのでしょうか。「なるべく、いろんな人とあいさつをしながら、今の気持ちを伝え合いたいと思います。ペアが空いた人と積極的に声をかけ合い、『あなたの一言』を伝え合いましょう」と言いましょう。

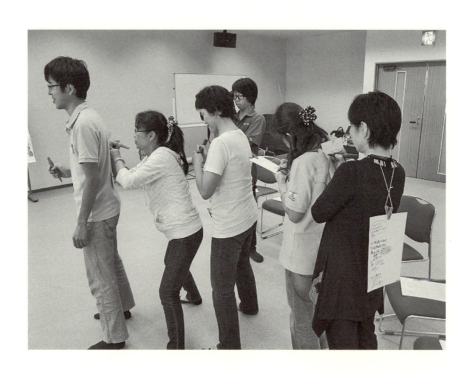

3 ● 明日からの私へ

ねらい
・明日からのこうありたい自分の気持ちを言葉にしたため、参加者の前で発表する。

形 態
・個人で行い、のち全員で行う。

準備品
・A3程度の厚紙にひもをつけたもの（人数分）、マーカー（人数分。裏写りしないものがよい）

進め方
1．A3程度の厚紙と裏写りしないマーカーを配る。
2．10分ほど時間をかけて研修会での出会いや学びなどをふりかえり、明日からの自分への応援メッセージを厚紙に書く。
3．厚紙に書いたメッセージを順番に参加者の前で読み上げる（どうしても人前で読み上げたくない人がいたら、その気持ちを受け容れる。それも気持ちのひとつの表現であると考える）。
4．発表したら、ほかのメンバーは拍手をして讃える。
5．順番に進めて終わる。

コラム

　人前で発表するということは、「誓いの言葉」のようであり、それが自分の行動に対して後押しすることにもなります。意識変容が行動変容につながるよう、自分自身を見守っていきたく思います。
　なるべくポジティブな部分を大切にし、光輝く明日を描く充実した時間になればよいと思います。

4 ● チェックアウト

「チェックイン」に対する「チェックアウト」です。グループ体験学習から日常の時間に戻る手続きです。「体験学習の時間をどのように過ごしましたか」「体験学習から何を学びましたか」の気持ちを共有し、日常の時間に戻ります。

ねらい
・お互いの今の気持ちの確認をとおして、学びの気持ちを共有する。

形　態
・全員で行う。

進め方
1. お互いの顔が見えるように座る。
2. ファシリテーターの進行のもと、ひとり1〜2分で、今の正直な気持ちを話す。
3. 順番に話すというより、話したい人から自発的に話していくように進めるのが望ましい。

引用文献

采女隆一　宮川充司・津村俊充・中西由里・大野木裕明（編）(2008)．スクールカウンセリングと発達支援　ナカニシヤ出版　pp.158-160

エドガー・H・シャイン　金井壽宏（監訳）原賀真紀子（訳）(2014)．問いかける技術：確かな人間関係と優れた組織をつくる　英知出版　p.124

カール・ロジャーズ　畠瀬直子（訳）(1984)．人間尊重の心理学　創元社　pp.110-111

カール・ロジャーズ　畠瀬　稔・畠瀬直子（訳）(1982)　エンカウンター・グループ：人間信頼の原点を求めて　創元社　p.3

坂本光司(2009)．なぜこの会社はモチベーションが高いのか　商業界　pp.190、198

ジョセフ・コーネル　吉田正人・辻　淑子（訳）(2012)．シェアリングネイチャー　日本ネイチャーゲーム協会（現　日本シェアリングネイチャー協会）pp.90-91

諏訪茂樹(1996)．続 介護専門職のための 声かけ・応答ハンドブック　中央法規出版　pp.79、129

ソニア・リュボミアスキー(2012)．幸せがずっと続く12の行動習慣　日本実業出版社

津村俊充(1992)．人間関係トレーニング　ナカニシヤ出版　p.44

津村俊充(2009)．プロセスからの学びを支援するファシリテーション　人間関係研究（南山大学人間関係研究センター紀要）Vol. 8　30-68

津村俊充(2010)．グループワークトレーニング：ラボラトリー方式の体験学習を用いた人間関係づくり授業実践の試み　教育心理学年報　49　173

津村俊充(2012)．プロセス・エデュケーション：学びを支援するファシリテーションの理論と実際　金子書房　pp.89、131-133

津村俊充・中村和彦(2010)．実習「タワー・ビルディング」人間関係研究（南山大学人間関係研究センター紀要）Vol. 9　120-125

津村俊充・中村和彦・浦上昌則・楠本和彦・中尾陽子・川浦佐知子・大塚弥生・石田裕久(2008)．小・中学校における人間関係づくりをめざしたアクションリサーチ　人間関係研究（南山大学人間関係研究センター紀要）Vol. 7　46

中野民夫(2003)．ファシリテーション革命　岩波書店　p.122

中村和彦(2012)．ゲシュタルト組織開発とは何か　人間関係研究（南山大学人間関係研究センター紀要）Vol. 11　96

日本学校GWT研究会　坂野公信（監修）(1994)．協力すれば何かが変わる：続・学校グループワーク・トレーニング　遊戯社　pp.42-44、50-52

星野欣生(2003)．ファシリテーターは援助促進者である　ファシリテーター・トレーニング　ナカニシヤ出版　pp. 9 -10

星野欣生(2007)．職場の人間関係づくりトレーニング　金子書房　pp. 63-67、84、85、144

山岸　裕(2006)．オリジナルのコンセンサス実習「4人の体験」を用いた大学授業での実践報告　体験学習実践研究　体験学習実践研究会　24-35

ラーチェル・カーソン　上遠恵子（訳）(1984)．センス・オブ・ワンダー　新潮社　p.23

渡辺和子(2012)．置かれた場所で咲きなさい　幻冬舎　pp.13、68、149

グループ体験学習関係の書籍紹介

私がラボラトリー方式の体験学習の学びをするときに読んだ書籍の一部を紹介します。

グループ体験学習とは何かを学ぶ
津村俊充・星野欣生（1996）．Creative Human Relation Ⅰ～Ⅷ プレスタイム
津村俊充・山口真人（編）（2005）．人間関係トレーニング：私を育てる教育への人間学的アプローチ 第2版 ナカニシヤ出版
日本ＧＷＴ協会（編）（2003）．ＧＷＴのすすめ 遊戯社
日本レクリエーション協会（監修）（1995）．新グループワーク・トレーニング 遊戯社
星野欣生（2003）．人間関係づくりトレーニング 金子書房
星野欣生（2007）．職場の人間関係づくりトレーニング 金子書房

ファシリテーションについて理解を深める
エドガー・Ｈ・シャイン 金井壽宏（監訳）金井真弓（訳）（2009）．人を助けるとはどういうことか：本当の協力関係をつくる７つの原則 英知出版
エドガー・Ｈ・シャイン 金井壽宏（監訳）原賀真紀子（訳）（2014）．問いかける技術：確かな人間関係と優れた組織をつくる 英知出版
津村俊充（2012）．プロセス・エデュケーション：学びを支援するファシリテーションの理論と実際 金子書房
津村俊充・石田裕久（編）（2003）．ファシリテーター・トレーニング：自己実現を促す教育ファシリテーションへのアプローチ ナカニシヤ出版
中野民夫（2003）．ファシリテーション革命：参加型の場づくりの技法 岩波アクティブ新書69
中村和彦（2015）．入門組織開発：生き生きと働ける職場をつくる 光文社新書
堀 公俊（2004）．ファシリテーション入門 日経文庫

学校でのグループワーク・トレーニング
日本学校ＧＷＴ研究会（2003）．学校グループワーク・トレーニング３ 遊戯社
日本学校ＧＷＴ研究会 坂野公信（監修）（1994）．協力すれば何かが変わる：続・学校グループワーク・トレーニング 遊戯社
横浜市学校ＧＷＴ研究会 坂野公信（監修）（2009）．学校グループワーク・トレーニング 改訂版 遊戯社

各種課題向けの体験学習の学び
ウイリアム・Ｊ・クレイドラー、リサ・ファーロン プロジェクトアドベンチャージャパン（訳）（2001）．対立がかたちに：グループづくりに生かせる体験学習のすすめ みくに出版
宇田川光雄（編）（2002）．ホスピタリティ・トレーニング 遊戯社
小野美津子 小河原孝生（編）（2003）．こころのエコロジー・ワークショップ：つながれひろがれ環境学習 ぎょうせい
グラハム・パイク、デイビッド・セルビー 中川喜代子（監修）阿久澤麻理子（訳）（1997）．地球市民を育む学習 明石書店

國分康孝（編）(1992). 構成的グループ・エンカウンター　誠信書房
諏訪茂樹 (2001). 対人援助とコミュニケーション：主体的に学び、感性を磨く　中央法規出版
中野民夫 (2001). ワークショップ：新しい学びと創造の場　岩波書店
日本グループワーク・トレーニング協会（編）(2012). 関係力をみがく本　遊戯社
平木典子 (1993). アサーション・トレーニング：さわやかな〈自己表現〉のために　日本・精神技術研究所
プロジェクトアドベンチャージャパン (2005). グループのちからを生かす：成長を支えるグループづくり　みくに出版
堀　公俊・加藤　彰・加留部貴行 (2007). チーム・ビルディング：人と人「つなぐ」技法　日本経済新聞出版社
ロバート・チェンバース　野田直人（監訳）(2004). 参加型ワークショップ入門　明石書店

補足

　ラボラトリー方式の体験学習と類似の学びにグループワーク・トレーニング（GWT）があります。どちらもその原点は、K. レヴィンがかかわっていた NTL（National Training Laboratories）を出発としていて、日本に導入して研鑽をはじめた立教大学での学びの場を共有していることから、同じものとして扱っています。

　また、類似の学びに構成的グループ・エンカウンター（SGE）があります。ラボ式体験学習が K. レヴィンの T グループを出発点としているのに対して、SGE はカール・ロジャーズのエンカウンター・グループ（人間的な出会いのグループ）を出発点としています。ひとつの体験をとおしてそのふりかえりとわかちあいから学ぶという点では大きな違いはありません。しかし、どちらも大きな意味で人づくり（教育）を目標にしていますが、K. レヴィンは集団を力学的に研究していたベースがあり、カール・ロジャーズはカウンセラーであったことから、体験学習はチームの観点に、SGE は個人の観点に重きを置いているように思います。体験学習と SGE はかかわり合いながらともに発展しているところですが、本書においては、私の研究してきたことが、ラボ式体験学習であったことから、書籍や学びの場もその関連のものを紹介させていただきました。

グループ体験学習関係の学びの場紹介

　「百聞は一見に如かず、百見は一験に如かず」です。まずは、ラボラトリー方式の体験学習を体験してください。

　そこで、私が体験学習の学びをするときに役に立ったセミナーや研究会を紹介します。ここで、ラボラトリー方式の体験学習を体験して、ふりかえりやわかちあいのなかでの気づきにより自分自身が成長していく実感を感じとったり、プロセスに光を当てることを身をもって体験することをお勧めします。その体験のあとに本書のワークを実施するとさらに効果が上がると思います。

・人間関係研究センター
　http://www.ic.nanzan-u.ac.jp/NINKAN/
　公開講座、講演会を開催しています。
・（社）日本体験学習研究所
　http://www.jiel.jp/
　公開講座を開催しています。
・日本グループワーク・トレーニング協会
　http:// 日本グループワークトレーニング協会 .com
　資格取得の講習会を開催しています。
・日本学校グループワーク・トレーニング研究会
　http://japanschoolgwt.jimdo.com/
　公開講習会を開催しています。
・聖マーガレット生涯教育研究所
　http://www.2010newsmile.org/about/index-about.html
　公開講座を開催しています。
・南山大学大学院人間文化研究科教育ファシリテーション専攻
　http://www.nanzan-u.ac.jp/grad/m_he/index.html
　社会人でも学べるカリキュラムになっています。是非チャレンジしてください。

おわりに

　思い起こせば私の体験学習との出会いの出発点は、レクリエーション活動からです。そのレクリエーションとの出会いは、高校のときから始めたユースホステルを使っての旅行でした。ユースホステルでは、ペアレントやそこでアルバイトをする大学生らが夕食後のコミュニケーション・タイムとしてレクリエーションゲームをやってくれたり、ギターを爪弾きフォークソングを歌ってくれました。その姿がカッコよく映り、レクリエーションのことを身につけようと思うようになりました。そして社会人になって2年目、3年目のときに（財）日本レクリエーション協会認定のレクリエーション資格取得を志しました。

　レクリエーションの資格を取得して間もないころ、自分のレクリエーションの引き出しを増やそうと思い、『グループワーク・トレーニング』という本を手にしました。そこにはグループで協力して課題を解決するゲームが紹介されていて、「これは使える」と思い、しばしば青年教育などの場のグループ対抗ゲームとして活用していました。そのころはふりかえりやわかちあいまで踏み込めないで活用している自分でした。それでもグループは盛り上がり、それなりに喜ばれる内容となりました。

　それから月日が流れ、レクリエーション活動のバリエーションの広がりとして環境教育に関心をもち、とある講習会に参加したときに『Creative Human Relations』という8巻からなる本を手にしました。このとき、ラボラトリー方式の体験学習の全体像を知りました。さっそくその本を買い求めるとともに、その本の著者の講座に足を運んだり、講師としてお招きをして指導を賜りました。

　そしてついに55歳の年になって、指導をいただいた先生を慕って、仕事のかたわら南山大学大学院に通いはじめたのです。本格的に体験学習を学んでみようという好奇心がニョキニョキと芽生えてきたのです。私の生涯学習だったのです。一度しかない人生、自分づくりのためにお金と時間を投資をするのも悪くないと思いました。新しい学びに感動する喜びは、私の好奇心を十分満たしてくれました。「脳トレで大学院に来ました」と、ためらいもなく語る私を苦笑しながらも受け容れてくださった先生方や学びの仲間たちに支えられ過ごした3年間は、自分の貴重な人生のひとコマとなりました。

　25歳で公務員として仕事に就いたとき、生涯学習担当ということもあって、「まちづくりは人づくりから」という信念をもって、事務屋をハミ出るスタンスで仕事をしてきました。自分自身の発想や思考の幅をもたせるため、片足は公務員の世界に、片足は他の業界の人と交流やネットワークをというスタンスで仕事をしてきました。

　その出会いが自分自身の余暇活動、地域活動であったり、そのつながりが仕事に活かされたりという状況でした。それから歳月が流れ、こうして「人間関係づくり」の本の出版に巡りあった今、公務員の仕事に就いたときに掲げた「人づくり」の原点に戻ってきた自分を感じています。そして、

公務員定年退職後は、今まで培ってきたことを活かして、本書を片手に講師ができることを喜びとしています。

　私の学びのはじまりから今日に至るまで叱咤激励していただくとともに、出版に際して、拙い内容にもかかわらずいろいろとアドバイスをいただいた星野欣生先生、津村俊充先生に心からお礼申し上げます。また、関連の勉強会においてもずいぶんお世話になりました。
　そして、レクリエーション運動の世界を長年にわたりオピニオンリーダーとして引っ張っていただき、このたびも助言をいただいた薗田碩哉先生に心からお礼申し上げます。薗田先生は、日本グループワーク・トレーニング協会の理事長でありました。その後、理事長を継がれた三好良子先生ともども、協会のメンバーと勉強会をしたこともよき学びの場となりました。この場を借りて感謝申し上げます。
　さらには、レクリエーションの人材育成の場で私に声をかけてくださった関係者の皆さん、介護スタッフの勉強会や学校の先生方の研修会などで声をかけてくださった関係者の皆さんに心からお礼申し上げます。そのような数々の場の実践を経てこのようにまとめることができました。

　本書のもとになる『グループ体験楽習：楽しいワークショップで、私と私の周りをちょっとハッピーに』は、レクリエーション関係、グループワーク・トレーニング（ラボラトリー方式の体験学習）関係の出版社として実績のある遊戯社の木内宣男氏に格別にお世話になり、出版していただきました。ところが、出版から半年も経たないうちに木内氏が逝去され、販売ができなくなりました。
　そんな折りに金子書房の編集部長井上　誠氏が拙著を気にとめてくださいました。本書を金子書房から新たに再出版するにあたり、内容を精査するとともに、社会のニーズと照らし合わせて、私自身蓄積したことを新たに加筆しました。また、書名やデザイン、さらには使い勝手を考慮して判型をＢ５判に拡大し、一新していただき、ここに新たな書籍として世に出る運びとなりました。心からお礼申し上げます。ありがとうございます。

平成28年4月

鯖戸 善弘（さばと よしひろ）プロフィール

1954年5月に生まれる。
1979年3月　関西大学社会学部卒業。
1980年5月　十四山村役場就職。
2008年4月　合併により弥富市役所職員となる。在職中は、生涯学習、まちづくり、健康づくり、児童福祉、介護福祉などの仕事に携わる。
2012年3月　南山大学大学院人間文化研究科教育ファシリテーション専攻修了。
2015年4月　弥富市役所定年退職。
2015年4月　ヒューマン・コミュニケーション・ラボ代表として、大学非常勤講師、人材育成やチームワークづくりの講師などを行っている。余暇には、地域づくり、環境教育、レクリエーション支援などで社会貢献活動をしている。

国家資格キャリアコンサルタント
メンタルヘルス・マネジメント検定Ⅱ種
特定非営利活動法人　愛知県レクリエーション協会副理事長
AMAKARA塾（地域づくりグループ）事務局　など

著書　『50歳からのプロティアン！人生100年時代のライフデザインワーク』　22世紀アート　2021年
『対人援助職リーダーのための人間関係づくりワーク：チームマネジメントをめざして』　金子書房　2017年
『グループ体験学習：楽しいワークショップで、私と私の周りをちょっとハッピーに』　遊戯社　2014年

Facebookもやっていますので「友達になる」をクリックしてください。
E-mail　fwgk6227@nifty.com
URL https://fwgk6227.wixsite.com/sabayann

コミュニケーションと人間関係づくりのための
グループ体験学習ワーク

2016年5月20日　初版第1刷　　　　　　　　　　　　　　　　　　　［検印省略］
2024年12月25日　初版第9刷

著　者　鯖戸善弘
発行者　金子紀子
発行所　株式会社金子書房
〒112-0012　東京都文京区大塚3-3-7
電話 03（3941）0111（代）
FAX 03（3941）0163
振替 00180-9-103376
URL https://www.kanekoshobo.co.jp
印刷　藤原印刷株式会社　　製本　有限会社井上製本所

©Yoshihiro Sabato 2016　　Printed in Japan
ISBN 978-4-7608-2405-2　　C0011

金子書房の関連図書

対人援助職リーダーのための人間関係づくりワーク
チームマネジメントをめざして
鯖戸善弘 著　　B5判並製176頁　　定価 本体2,200円＋税

『コミュニケーションと人間関係づくりのための　グループ体験学習ワーク』の姉妹本。看護師・介護福祉士・保育士などの悩めるリーダーへ。多忙な事業所でも実施しやすい17のワークを紹介。職務満足度、顧客満足度を向上させ、地域に必要とされる事業所になるために。スタッフとの接し方や人材不足に悩むリーダーのための必携書。

Off-JTに活用する人間関係づくりトレーニング
星野欣生 監修　船木幸弘 著　　B5判並製184頁　　定価 本体2,800円＋税

7つのキーワードをもとにわかりやすく人間関係づくりを学びます。「体験学習」のプロが厳選した個人でもグループでも活用できる14のエクササイズは、「自己分析」、「マネジメント」、「コミュニケーションの棚卸し」や本書オリジナルの「ルーブリック」を掲載。明日から活用できる職場づくりに欠かせない体験学習の実践書。

実践　人間関係づくりファシリテーション
日本体験学習研究所監修　津村俊充・星野欣生 編
B5判並製192頁　定価 本体2,300円＋税

人間関係づくりトレーニングの実践の核となる10のテーマをとりあげ、学習者とともにかかわるファシリテーターの実践を紹介する。体験を通し共に学べる楽しいエクササイズを提示しながら、学校や職場、地域やコミュニティの世界までも広がりをもつ可能性を示唆する。

改訂新版　プロセス・エデュケーション
学びを支援するファシリテーションの理論と実際
津村俊充 著　　B5判並製296頁　　定価 本体2,900円＋税

学校教育、看護・医療教育、組織・企業内の教育現場で、コミュニケーション能力、ファシリテーターのリーダーシップ能力やチームづくり能力を育成するために、プロセスを大切にした教育実践の理解と、実践によるアプローチ法を詳解。ユニークな人間関係づくりトレーニングの体験学習エクササイズ例も満載。

人間関係づくりトレーニング
星野欣生 著　　B5判並製144頁　　定価 本体1,800円＋税

人間関係づくりにも基本とコツがある。身近な生活事例からプロのファシリテーターの30年にもわたる研究と実践の成果を凝縮した「体験学習」の決定版。

職場の人間関係づくりトレーニング
星野欣生 著　　B5判並製156頁　　定価 本体1,800円＋税

身近で具体的な12のテーマを通して「体験としての人間関係づくり」を読みながら楽しく学べる。「個人の気づき」から「グループ」「組織」までを網羅。